数转文旅

数字经济背景下的文化与旅游产业发展研究

刘增祥◎编著

人 民 邮 电 出 版 社
北 京

图书在版编目（CIP）数据

数转文旅 ： 数字经济背景下的文化与旅游产业发展研究 / 刘增祥编著. -- 北京 ： 人民邮电出版社，2025.
ISBN 978-7-115-66340-5

Ⅰ. F592.3

中国国家版本馆 CIP 数据核字第 20255TN772 号

内 容 提 要

本书深入剖析了数字经济时代下文化与旅游产业的融合与发展，概述了文化与旅游产业的发展现状，为理解数字化转型的背景提供基础。本书分析了数字产业的现状，包括电子信息制造、网络通信、互联网及软件信息技术，探讨了文化与旅游产业数字化转型中的问题，并详细研究了宽带网络、云计算、大数据、5G、区块链等技术在产业中的应用，评估了数字技术对产业发展的推动作用，预测了技术赋能文化与旅游产业的未来前景，并提出了促进我国文化与旅游产业数字化发展的策略建议。本书适合政府部门文化和旅游政策制定相关人员、产业发展研究与技术应用相关人员、行业咨询与规划设计单位技术人员、信息化设计与应用专业技术人员，以及高等院校智慧旅游相关专业的师生阅读。

◆ 编　　著　刘增祥
　责任编辑　张　迪
　责任印制　马振武
◆ 人民邮电出版社出版发行　　北京市丰台区成寿寺路 11 号
　邮编　100164　　电子邮件　315@ptpress.com.cn
　网址　https://www.ptpress.com.cn
　涿州市般润文化传播有限公司印刷
◆ 开本：800×1000　1/16
　印张：12.5　　2025 年 6 月第 1 版
　字数：185 千字　　2025 年 9 月河北第 2 次印刷

定价：99.90 元

读者服务热线：（010）53913866　印装质量热线：（010）81055316
反盗版热线：（010）81055315

PREFACE 前言

21 世纪以来，互联网、移动互联网发展迅速，基于互联网和移动互联网的技术和应用蓬勃发展。近年来，千兆宽带、物联网、云计算、大数据、人工智能、数字孪生、虚拟现实等新兴技术持续演进、快速发展，基于新兴技术的应用与服务步入快速发展、不断迭代的爆发期，新兴技术已逐渐成为驱动数字经济发展的重要力量。

2021 年 12 月 12 日，国务院印发了《“十四五”数字经济发展规划》，指出数字经济是继农业经济、工业经济之后的主要经济形态，数字经济对社会发展的影响深度前所未有，已成为推动生产方式、生活方式、治理方式深刻变革，重塑经济结构，改变竞争格局的关键力量。

作为我国国民经济的重要产业，文化与旅游产业对经济平稳健康发展具有重要的带动作用。在新时代，文化与旅游产业面临数字化转型、高质量发展的新要求，充分利用数字经济背景下的数字化、网络化、智能化科技成果，促进文化与旅游产业升级，创新文化与旅游产品的供给和服务方式，是文化与旅游产业实现从资源驱动向创新驱动转变的必由之路。

本书聚焦数字经济时代背景下，数字技术特别是新兴技术对文化与旅游产业的变革性影响，系统探讨三大核心问题：一是数字技术在文化与旅游产业的具体应用路径与实践模式；二是技术赋能对文化与旅游产业发展的促进效应；三是文化与旅游产业数字化转型过程中政府、企业、高校等主体的协同机制与角色定位。

本书内容分为 7 章。第 1 章主要简述我国文化与旅游产业的发展概况。第 2 章概述了我国数字产业化的发展现状，包括电子信息制造业、网络与通信业、互联网行业、新兴软件与信息技术等方面。第 3 章初步探讨了当前我国文化与旅游产业数字化发展概况及存在的问题，指出目前我国文化与旅游产业的数字化应用尚存在基础建设水平不平衡、数字化应用不充分和数字化内容供给不丰富的问题。第 4 章对数字技术尤其是新兴技术在文化与旅游产业中的应用进行了阐述，包括宽带网络与物联网、云计算与边缘计算、大数据与人工智能、5G 移动通信与无人机、定位与导航、区块链、数字孪生、虚拟现实与增强现实、电竞动漫与数字内容生产等技术在文化与旅游产业中的应用情况。第 5 章主要分析了数字技术对文化与旅游产业的影响，通过选取数字技术、文化与旅游产业的以往数据指标，并采用灰色关联度模型法，指出数字技术对文化与旅游产业的发展具有正向的影响和促进作用。第 6 章主要探讨数字技术赋能我国文化与旅游产业的发展前景，预测了数字技术驱动下文化与旅游产业的未来发展。第 7 章是对我国文化与旅游产业数字化发展的对策建议，编著者分别从基础设施投资、数字化平台构建、关键要素补缺、绿色发展与科技创新等方面，对文化与旅游产业未来的数字化发展提出了对策建议。

本书是中通服咨询设计研究院关于数字技术赋能行业应用研究的著作之一，编写过程中，江苏省文化和旅游厅科教处的各位领导提供了重要的行业指导与支持；南京晓庄学院商学院王奇珍副教授对本书第 5 章和第 6 章的编写给予了技术指导；南京旅游职业学院智慧旅游创新产业学院对本书中提及的新兴技术在文化与旅游产业的应用进行了指导，在此深表感谢。

另外，在编写本书的过程中，编著者参考了大量政府文件、技术资料和技术文献，并在本书的参考文献中列出，若有未尽之处，还请相关作者联系编著者完善，在此对相关作者的辛苦付出一并表示感谢。

然而，由于编著者水平有限，书中内容难免有不严谨之处，希望读者能够不吝批评指正。

编著者

2024 年 9 月 25 日

CONTENTS 目录

第1章

文化与旅游产业发展概述

随着时代的进步和技术的发展，我国文化与旅游产业持续推进、繁荣向好，对国民经济和社会发展的作用不断凸显。文化与旅游产业的发展顺应数字化、网络化和智能化的趋势，通过向社会提供丰富多样的优秀文化作品和旅游产品，源源不断地为社会进步和人民福祉注入动力。

1.1 文化产业发展概述

文化及相关产业是指为社会公众提供文化产品和文化相关产品的生产活动的集合。党的十一届三中全会至今，我国文化产业的发展大致可分为 3 个阶段。其中，20 世纪 70 年代末期到 90 年代初期是我国文化产业发展的第一个阶段。在这个阶段，广告业出现，并对产品的营销推广起到了重要作用，广播、报纸、电视和图书在人们日常生活中出现的频次日渐增加，基于上述媒介的文化传播活动对于促进信息传播、丰富人们精神文化生活的作用逐渐显现。20 世纪 90 年代是我国文化产业发展的第二个阶段。党的十四大以后，党中央、国务院正式把文化产业列入第三产业，为文化产业的发展提供了政策基础，在这一阶段，信息技术的快速发展也对文化产业的迅猛发展起到了促进作用，基于电子媒介形式的文化传播和文化内容逐渐兴起。21 世纪初至今是我国文化产业发展的第三个阶段。进入 21 世纪，政府工作报告明确将文化产业作为我国国民经济产业发展不可分割的一部分，文化产业的发展逐渐被提升到国家战略层面。这一阶段，我国文化产业呈现迅猛的发展势头，不同的文化形态、文化内容和文化服务层出不穷，文化产业呈现不断壮大、空前繁荣的新局面。

我国文化产业不断发展，对国民经济的贡献度不断增长。根据国家统计局相关数据，按照 2004 年确定的文化产业统计指标体系：2004 年，我国的文化产业增加值为 3440 亿元，文化产业在 GDP 中的占比为 2.15%；2010 年，我国的文化产业增加值为 11052 亿元，文化产业在 GDP 中的占比为 2.75%；2015 年，我国的文化产业增加值为 27325 亿元，文化产业在 GDP 中的占比上升至 3.97%；2020 年，我国的文化产业增加值达到 44945 亿元，文化产业在 GDP 中的占比达到 4.43%；2021 年，我国的文化产业增加值达到 52385 亿元，文化产业在 GDP 中的占比上升到 4.56%；2022 年，我国的文化产业增加值比2021年稍有回落，降至53782亿元，在GDP中的占比为4.46%；2023 年，我国的文化产业增加值再次增加，达到 59464 亿元，在 GDP 中的占比达到 4.59%。2004—2023 年文化产业在 GDP 中的占比趋势如图 1-1 所示。

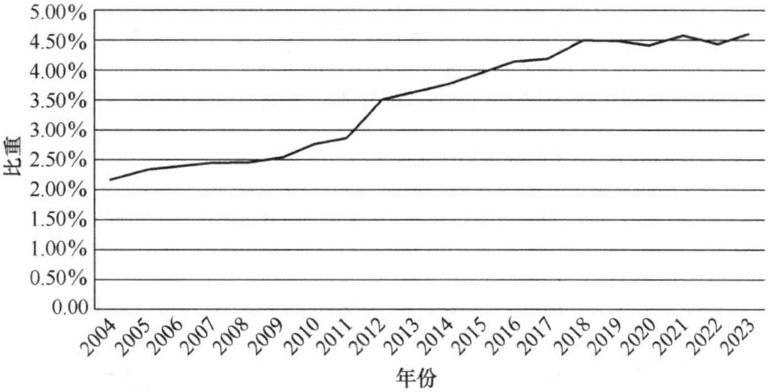

图1-1　2004—2023年文化产业在GDP中的占比趋势

文化产业的不断发展促使文化产业基础设施建设规模和从业人员数量不断增加，文化产业服务人数持续增长。根据文化和旅游部统计公报，2011—2020年，我国已建设公共图书馆 3212 个、美术馆 618 个、博物馆 5788 个、文化馆 3327 个。平均每万人图书馆的建筑面积由 2011 年的 73.8 平方米增加到 2020 年的 126.49 平方米，人均图书藏量由 0.47 册增加到 0.84 册。全国平均每万人群众文化设施建筑面积从 2011 年的 221.23 平方米增加到 2020 年的 331.32 平方米。我国文化艺术表演团体的机构数量从 2011 年的 7055 个增加到 2020 年的 17581 个，从业人员数量从 22.66 万人增加到 43.69 万人，观众人次从 7.46 亿人次增加到 8.93 亿人次。

文化产业的不断发展使得全国范围内逐渐形成具有地方特色的产业集聚，以及区域性的文化产业规模效应。例如，随着文化产业的发展，江苏省逐渐形成数字与动漫的产业集聚，浙江省逐渐形成演艺与影视制作的产业集聚，上海市逐渐形成广告与出版的产业集聚，广东省逐渐形成娱乐与印刷的产业集聚，北京市逐渐形成文化与会展的产业集聚等。

另外，随着文化产品制作与展示技术的发展和应用，传统与现代文化产品不断涌现，数量和质量不断攀升，形成百家争鸣、灵活多样的展现形式。

经过长期的发展，我国的图书出版业取得了显著的成绩，图书的出版品种和出版量均位居世界前列。图书除了以书面的形式进行文化传播，还与广播、电视等媒体相结合，形成一系列具有代表性的文化传播案例。例如，由中央广播电视总台参与创作和主办的“中国诗词大会”“中国成语大会”“经典咏流传”“朗读者”等文化类节目，用现代化方式传播中国传统文化，极大地激发了人们对中华文化的浓厚兴趣，获得了良好的宣传效果和市场口碑。“中国诗词大会”宣传海报如图 1–2 所示。

图1–2　“中国诗词大会”宣传海报

我国的影视文化产业发展迅速，影视工业体系不断升级，优秀的文化影视作品竞相涌现。横店影视城、象山影视城、无锡影视基地、上海影视乐园等影视制作基地为影视作品的制作提供了有力支撑。在电影业领域，目前我国的电影年产量已稳居世界前列，中国电影市场成为仅次于北美地区的世界第二大电影市场，中国电影已成为世界电影舞台上举足轻重的力量。《我和我的祖国》《我和我的家乡》《我和我的父辈》《长津湖》《战狼》《唐人街探案》等优秀影视作品成为人们欢度佳节的“精神文化大餐”。在电视业领域，电视作品《亮剑》《觉醒年代》《平凡的世界》《海棠依旧》《士兵突击》等深受人民群众喜爱，虽复播多次，但收视率依然居高不下。

一直以来，整理改编传统戏、新编历史剧、新创现代戏的“三并举”方针对我国戏曲剧目的创新与发展起到了重要的指引作用。在传统剧目的基础上，通过深刻的内涵剖析、新颖的舞台呈现和精彩的演绎，一批新创剧目相继诞生并被搬上戏剧舞台，在传承我国传统戏剧作品的基础上，为戏剧艺术注入了新的活力。例如，现代京剧《西安事变》、越剧《西厢记》、川剧《巴山秀才》、话剧《麻醉师》、豫剧《焦裕禄》、花鼓戏《刘海砍樵》、黄梅戏《天仙配》等剧目历久弥新，焕发出了新的生机。

文化产业的发展促使文创产品不断涌现。2022 年北京冬奥会上，吉祥物“冰墩墩”在冬奥会开幕后迅速走红，各种款式的“冰墩墩”产品一经售卖就迅速脱销，并在全国范围内出现了“一墩难求”的现象，即使在冬奥会结束后的 3 个月时间里，与“冰墩墩”相关的周边产品依然火爆，折射出文创产品的巨大市场潜力。

目前，基于文化产业衍生的文创产品已涉及诸多领域。以国家博物馆“长乐未央”汉代瓦当为原型设计的银镶铜瓦当项链挂坠，以甘肃省博物馆铜奔马为原型设计的“马踏飞燕”玩偶，以山西博物院镇院之宝——晋侯鸟尊为原型设计的鸟尊小摆件，以及故宫博物院推出的文具系列、印章系列、摆件系列、肩包系列、折扇系列、彩妆系列文创产品，南京博物院推出的红楼系列、科举系列、城墙系列、红色文化系列等文创产品都收获了国内外众多粉丝的喜爱。琳琅满目的文创产品吸引游客驻足观赏如图 1–3 所示。

图1–3　琳琅满目的文创产品吸引游客驻足观赏

影视动漫中的元素也是文创产品的重要素材来源。例如，以《喜羊羊与灰太狼》《熊出没》为素材设计的玩具、书包、钥匙扣、书签、盒装饮料、充气不倒翁等文创产品相继出现，并获得了经济效益和口碑效应的双丰收。相关数据显示，2014 年，《熊出没》衍生文创产品创造的年产值已超过 20 亿元，并且仍在不断增长。文创产品成为促进文化产业消费升级和发展的一个重要经济增长点。

另外，文化产业的不断发展逐渐呈现溢出效应，文化产业与旅游、体育、信息、物流、建筑等产业融合发展，文化产业链的延伸对提高其他行业的经济附加值起到重要作用。其中，文化与旅游产业的融合发展迅速，增长态势良好，以文塑旅、以旅彰文，逐渐成为推动文化事业进步、文化产业发展的新动力，以及促进文化经济增长的新引擎。

1.2 旅游产业发展概述

旅游产业在我国国民经济发展中占据重要地位，也是我国近年来发展最快的行业之一。

从发展历程来看，我国旅游产业大致经历了 3 个发展阶段。1949 年到 20 世纪 90 年代是我国旅游产业的初步发展阶段，我国的旅游产业逐步从外交手段的延伸转变为以经济营利为目的，从封闭的经营方式逐渐转换为开放的经营方式。20 世纪 90 年代到 21 世纪初是我国旅游产业的市场化快速发展阶段，尤其是 1992 年我国确立了建立社会主义市场经济体制的改革目标后，我国旅游产业的市场规模、开放力度、规范程度不断提升，旅游产业逐渐成为国民经济的新增长点。21 世纪初至今是旅游产业高速发展阶段，2004 年 1 月召开的全国旅游工作会议上，提出了优化旅游产业结构、提高旅游产业素质，努力实现我国旅游产业全面恢复与振兴的发展目标，我国的旅游产业进入高速发展期。此后，一系列促进旅游产业发展的政策陆续出台，旅游产业的发展从政府主导逐渐向政府引导和监管转化，旅游产业逐渐成为促进国民经济发展的综合性支柱。

我国的旅游市场包括入境游市场、出境游市场，以及国内旅游市场。统计数据显示，从 1978—2013 年，我国的入境游客数量每年以 12.5% 的速度迅速增长，入境旅游人次增长了 68 倍，出境游客数量由 1992 年的不到 300 万人次持续增长到 2009 年的 4766 万人次和 2019 年的 1.55 亿人次。国内旅游方面，2004 年我国国内游客数量为 11.02 亿人次，实现收入 4711 亿元；2010 年增长至 21.03 亿人次，实现收入 1.26 万亿元；2019 年达到 60.06 亿人次，实现收入 5.73 万亿元；游客数量和旅游收入都呈现快速增长趋势。2020—2022 年，国内游客数量和旅游收入出现明显下滑，2020 年为 28.79 亿人次和 2.23 万亿元，2021 年为 32.46 亿人次和 2.92 万亿元，2022 年为 25.30 亿人次和 2.04 万亿元。文化和旅游部统计数据显示，2023 年，我国国内出游人次达到 48.91 亿，实现旅游收入 4.91 万亿元，2024 年，国内出游人次增加为 56.15 亿，实现旅游收入 5.75 万亿元。2004—2024 年国内游客数量如图 1-4 所示。

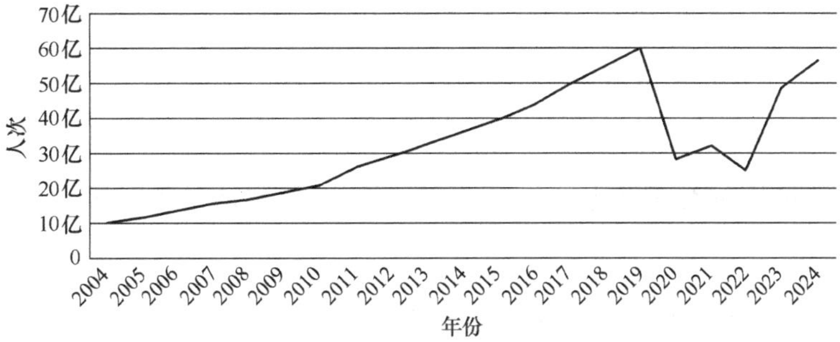

图1-4　2004—2024年国内游客数量

从 1999 年国庆节实施“7 天长假制”后，“春节”“五一”“十一”等节假日旅游促进了旅游市场的快速发展，成为拉动经济的消费热点。随着“清明”“端午”“中秋”等小长假的推出，各种形式的节假日旅游正在成为促进假日经济增长的重要方式，以及拉动内需、刺激经济、带动相关产业发展的重要手段。

旅游市场的火热促进了旅游产业规模和从业人员的增长。根据中国旅游业统计公报数据：2000 年年底，我国共有旅行社 8993 家；2005 年年底，全国旅行社数量达到 16245 家；2010 年年底，全国纳入统计范围的旅行社数量达到 22784 家；2015 年年底，旅行社数量达到 27621 家。五星级饭店的数量在 2010 年为 595 家，到 2015 年增加至 789 家，截至 2019 年年底，全国挂牌的五星级饭店数量已达到 845 家，另外还有四星级饭店 2550 家、三星级饭店 4888 家、二星级饭店 1658 家、一星级饭店 62 家。截至

2019年年底，全国纳入统计范围的各类文化和旅游单位的数量为35.05万个，从业人员数量达到516.14万人。

我国是世界旅游大国，有风沙地貌、岩溶景观、海滨沙滩等地文景观，有河流、瀑布、泉水、湖泊等水域风光，有奇花异草、珍禽异兽等生物景观，有历史遗迹、石窟石刻、古建筑群、古镇村落等文化遗产，还有现代名城、时尚街区，旅游资源种类繁多，异彩纷呈。

依托丰富的旅游资源，我国已规划并建设形成各具特色、舒适宜人的度假休闲、文化体验、健康医养、研学教育旅游景区。例如，2002年，全国经评定的4A级旅游景区有361家，3A级165家，2A级463家，1A级73家。2006年，原国家旅游局启动5A级旅游景区评选，2007年公布首批66家。《中国旅游统计年鉴2010》显示，截至2009年年底，全国A级旅游景区达2257家，其中5A级76家、4A级852家、3A级521家、2A级673家、1A级135家。另据《文旅中国》统计，2012—2021年，我国A级景区数量从6042家增加至14196家，其中5A级旅游景区从145家增加至306家，增幅显著。

我国旅游资源的日益完善和开放提升了旅游产品和旅游形式的多样性。旅游消费已从原来的奢侈消费发展为大众消费，从小众活动转变为百姓常态化的生活选项。为了适应市场需求，满足大众多元化、个性化和差异化的旅行需求，形式多样的旅游产品、营销方式、形象品牌陆续推出，旅游产业实现了快速发展。例如，在旅游形式方面，从原来单一的观光旅游发展为观光、度假、文化、体验等多种形式并存、种类多样的格局。同时，旅游产业通过与文化、交通、体育、养老、健康等产业相结合，正在形成各产业共同促进、融合发展的新局面。

国务院印发的《“十四五”旅游业发展规划》为文化与旅游产业融合发展指明了方向，坚持以文塑旅、以旅彰文，优势互补、相得益彰，是推动文化与旅游深度融合发展的未来之路。文化产业与旅游产业的结合，就是将我国丰富的文化资源、文化创意引入旅游产品和旅游场景中，用文化丰富旅游的内涵，使游客在休闲娱乐的同时，获得触动心灵的精神文化体验。此外，文化产业与旅游产业的融合也能够促进中华传统文化和红色文化的传播，通过旅游活动让历史文化、红色基因得以传承和弘扬。

2019 年，文化和旅游部非物质文化遗产司在全国征集了 150 个历史非物质文化遗产与旅游融合的案例，经过评选，江苏南京秦淮灯会、江西景德镇古窑、福建龙岩永定客家土楼等 10 个优秀案例脱颖而出。其中，江苏南京秦淮灯会是首批国家级非物质文化遗产，具有“天下第一灯会”的美誉，是我国持续时间最长、参与人数最多、规模最大的民俗灯会之一，将灯会与夫子庙秦淮风光带结合，游客在愚园（胡家花园）、夫子庙、中国科举博物馆、秦淮河游览时驻足赏灯，既能感受“六朝古都”的历史沧桑，又能体验文人墨客的昔日风华，领略“火树银花”的非遗魅力。江苏南京秦淮灯会如图 1-5 所示。

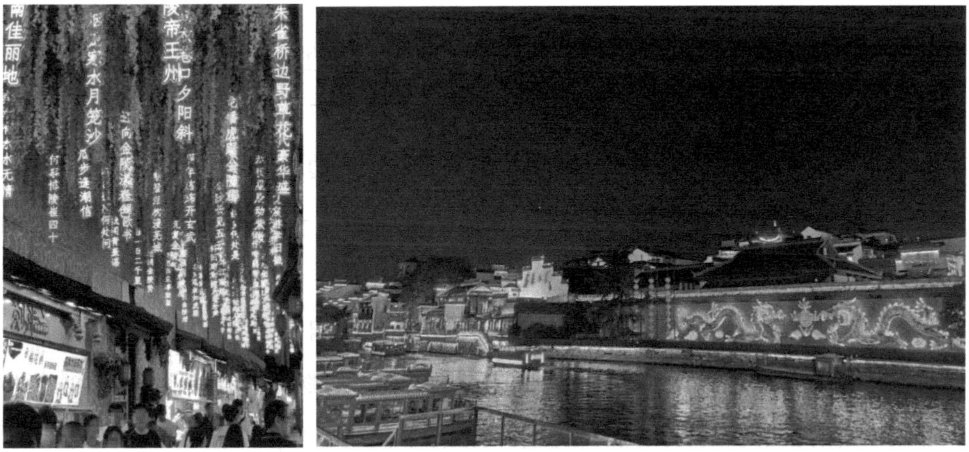

图1-5 江苏南京秦淮灯会

江西景德镇窑是宋代六大窑系之一，历史悠久、品种多样。景德镇古窑民俗博览区综合风光旅游、文化博览、陶瓷体验、娱乐休闲等功能，已被打造成全国唯一以陶瓷文化为主题的国家 5A 级旅游景区。游客可以在景区内的元代馒头窑、宋代龙窑、明代葫芦窑、清代镇窑等景点打卡，也可以现场体验古窑复烧、观看瓷乐表演、参加陶瓷节等活动，深入了解传承千年的陶瓷文化与非遗技艺。

永定客家土楼是中国古建筑的独特瑰宝，2008 年 7 月被列入《世界文化遗产名录》。永定客家土楼包括承启楼、振成楼、振福楼、衍香楼等土楼建筑体，以及初溪土楼、洪坑土楼、高北土楼等土楼建筑群，规模宏大、形式多样，游客在这里可以欣赏一楼一景致、一楼一特色的建筑之美，也可以了解客家土楼的营造技艺，参观客家家训馆、民间绝艺馆等，深度体验土楼非物质文化遗产。

通过将旅游产业与文化产业相结合，目前我国已逐渐形成文化景观、特色小镇、主题公园、文化节庆、旅游表演等多种文化与旅游产业融合模式。各种模式下，游客既可以在游览黄鹤楼、滕王阁时感受李白、王勃的诗词魅力，在水墨婺源、乌镇感受当地的民俗风情，在华侨城、华强方特体验有趣的游乐设施，在桃花节、农业采摘节感受田园之乐，还可以在西柏坡、井冈山等红色圣地观看《太行山》《井冈山》等实景演出，形式多样、内容丰富的文化与旅游融合模式，让游客在自然与人文的交融中陶冶情操、滋养心灵。

旅游产业的不断发展促使旅游形式日渐多样化，周边短途游、都市休闲游、乡村体验游、夜间旅游等形式持续火热、蓬勃发展。尤其是在 2020 年到 2022 年，跨省旅游受到较大限制，周边短途游逐渐火热，备受青睐。周边短途游利用较少的碎片化时间，远离城市的喧嚣，亲近自然，到不一样的地方看不一样的风景，成为越来越受到人们欢迎的旅游方式。

都市休闲游以现代化的城市设施为依托，以城市的自然景观、人文景观，以及周到的服务为吸引要素，具有商务会议、文化游学、观光购物、休闲游乐等多种功能和形式。都市休闲游让游客走出家门，在便利的条件下开阔视野，体验不一样的风土人情。目前，我国的上海、北京、西安、南京、杭州、深圳等城市都是都市休闲游的首选城市。

乡村体验游是从“农家乐”发展起来的，是以农业农村资源为依托，以城市居民休闲需求为目标市场的一种旅游形式。当前，我国的乡村体验游已从单一的农家餐饮服务拓展为农家园林、果园观光、花园客栈、养殖科普、农家旅舍、农事体验等多种形式，服务内容和旅游形式不断丰富。

近年来，夜间旅游逐渐受到许多游客的青睐，尤其是在进入暑期后，受炎热天气的影响，很多游客更愿意在夜间出行，夜间成为许多旅游景点客流的“旺季”。夜间旅游的兴起与发展促进了购物、娱乐、餐饮等方面的经济增长，同时，伴随着中秋赏月、正月十五闹花灯、灯光歌舞秀、“夜间游船”等夜间活动的举行，夜间旅游对中华民俗文化的传承和城市文化形象的塑造也起到了促进作用。

随着大数据、云计算、5G 等新兴技术的快速发展与广泛应用，一种创新的旅游形式——“云旅游”应运而生。这种形式突破了传统旅游的时空限制，游客不需要亲临旅游景区，只需要借助互联网平台，即可通过视频拍摄者实时传输的现场画面，足不出户便能欣赏远方的实时景观。当前，这一新兴旅游形式仍处于初步探索与应用阶段。

第2章

数字产业发展现状

2.1 电子信息制造业发展现状

电子信息制造业是指研制和生产电子设备、各种电子元件与器件的工业，涉及电子制造业、通信制造业和计算机设备制造业 3 个产业。其中，电子制造业包括电子器件制造业、电子元件制造业，以及其他电子设备制造业；通信制造业包括通信设备制造业、广播电视设备制造业、雷达及配套设备制造业、视听设备制造业；计算机设备制造业包括计算机整机制造业、计算机零部件制造业、计算机外围设备制造业和其他计算机制造业。

过去的几十年，我国电子信息制造业实现了快速发展，手机、多用途数字光盘（DVD）、彩电视机、程控交换机等产品的生产量跃居世界前列，我国成为世界信息产品制造大国。1999 年，我国电子信息制造业首次超过纺织、化工、冶金、电力等传统产业，位列工业各行业之首，成为我国工业经济的第一支柱。之后，在较长的一段时间里，我国的电子信息制造业产业增加值以 10% 左右的速度保持高速增长，并在珠三角、长三角、环渤海等地区形成区域性和规模化的电子信息制造产业基地。但是，近几年，受国际经济、非传统安全因素等影响，我国的电子信息制造业增速呈现下降趋势。

中国电子信息制造业长期的快速发展促使了一批优秀的电子信息制造企业诞生和壮大，华为、中兴通讯、中国电子信息产业集团、联想控股、四川长虹、TCL、海信、海尔、京东方、同方股份、方正集团等电子信息制造企业的业务量和产品规模快速发展。其中，华为、中兴通讯的通信产品已销往俄罗斯、土耳其、巴西、西班牙、埃及、南非、泰国、马来西亚等国家，长虹、海尔、海信、创维等家电企业的产品遍及美国、日本、印度、俄罗斯、澳大利亚、欧盟、南美，以及中东等 100 多个国家和地区。

根据工业和信息化部电子信息产业统计公报数据：2010 年，我国规模以上电子信息制造业实现主营业务收入 63645 亿元，规模以上电子信息制造业内销产值达到 26733 亿元，连续 11 个月保持 20% 以上增速；2011 年，我国规模以上电子信息制造业实现主营业务收入 74909 亿元，规模以上电子信息制造业内销产值达到 34165 亿元；2014 年，我国规模以上电子信息制造业实现主营业务收入 10.3 万亿元；2017 年，我国规模以上电了信息制造业实现主营业务收入突破 13 万亿元；2021 年，我国规模以上电子信息制造业实现主营业务收入突破 14 万亿元；2023 年，我国规模以上电子信息制造业主营业务收入达 15.8 万亿元。我国电子信息制造业持续稳定增长趋势明显。

我国电子信息制造业规模的持续增长促进了劳动就业人数的不断上升。2021 年，电子信息制造业平均用工人数为 1109 万人，2022 年，电子信息制造业平均用工人数为 1157.7 万人，2023 年，电子信息制造业平均用工人数小幅回落至 1151.4 万人，仍高于 2021 年用工人数。电子信息制造业从业人数的不断增加，尤其是优秀技术人才的涌入对增强电子信息制造业的核心竞争力起到了促进作用，对提升全球价值链起到了助推作用。但是，我国电子信息制造业整体上仍然以加工组装为主，属于低附加值、劳动密集型产业，行业利润整体偏低。同时，我国劳动力成本的不断上升，以及国际形势的变化，对我国电子信息制造业的发展产生了不利影响。

电子信息制造的产业链包括集成电路设计、芯片制造、印制电路板（PCB）设计、印制电路板制造、一级封装、二级封装、配件生产与装配、产品销售与交付等过程。

我国集成电路设计产业起步较晚，但发展十分迅速。根据中国半导体行业协会统计数据，2012 年我国集成电路设计业的销售收入为 621.7 亿元，到 2015 年增长至 1325 亿元，2019 年增长至 3063.5 亿元，2012—2019 年的年复合增长率达到 25.6%，在全球范围内属于领先水平。从行业销售收入来看，2019—2023 年我国集成电路设计销售收入一直保持增长趋势，到 2023 年我国集成电路销售收入为 5774 亿元，同比增长 8.01%。我国诞生了中芯国际、华为、海思、紫光展锐、中兴微电子、华大半导体、智芯微电子、中星微电子等知名企业。

中芯国际是我国规模大、技术先进的集成电路设计公司，能够实现 0.35μm ～ 14nm

多种技术节点、不同工艺平台的集成电路晶圆代工生产。中芯国际 14nm FinFET 代表了我国自主研发集成电路制造技术的先进水平。华虹半导体、士兰微电子专业从事集成电路芯片制造，其主要从事特色工艺类芯片的制造生产，例如，华虹半导体聚焦于非易失性存储器、功率器件、电源管理部件、逻辑及射频部件等，士兰微电子的产品业务范围则聚焦于高压 / 高功率器件、数字音视频部件、MEMS 传感器产品和光电产品等部件的制造和封装。

2021 年，国家统计局在《数字经济及其核心产业统计分类（2021）》中，将印制电路板列入数字经济核心产业，同年，我国的 PCB 产值已达到 776.9 亿美元，在全球 1164.5 亿美元的产值中占比高达 66.7%。

目前，我国已出现鹏鼎控股、东山精密、深南电路、沪电股份、景旺电子等国内知名的 PCB 生产企业，形成以珠三角、长三角地区为核心的 PCB 产业聚集带。随着终端电子产品的日益多样化，以及电子产品向集成化、小型化、轻量化、低能耗方向发展，业界对多层板、高密度互连（HDI）线路板、刚挠结合板、类载板、封装基板的需求量逐步上升，PCB 产业仍将具有持续快速发展的空间和潜力。

得益于电子信息制造业的发展，我国的电子信息配件生产与装配业同步增长。目前，电子信息配件的生产与装配已经形成以珠三角地区及福州、厦门为主的消费类电子产品、计算机零配件与整机的生产与组装基地，以长三角地区为主的笔记本计算机、消费电子、手机及其相关零部件的生产与组装基地，以环渤海地区为主的通信、家电零部件生产和组装基地。

2.2 网络与通信业发展现状

计算机网络是指将地理位置不同的具有独立功能的多台计算机及其外部设备，通过通信线路连接起来，在网络操作系统、网络管理软件及网络通信协议的管理和协调下，实现资源共享和信息传递的计算机系统。20 世纪 60 年代，阿帕网（ARPANET）的研发和应用，标志着分组交换网络的诞生，为计算机网络奠定了基础。20 世纪 80

年代，TCP/IP 的广泛应用，对促进网络技术的快速发展和应用起到了关键作用，并为构建全球范围的互联网络奠定了基础。

我国从 1994 年起推进信息高速公路建设，并启动了中国公用计算机互联网（CHINANET）的建设。目前，我国已经完成中国电信网络、中国联通网络、中国移动网络、中国科技网、中国教育与科研计算机网等网络的建设，形成搜狐、网易、新浪、腾讯、百度、阿里巴巴等门户网站，互联网产业快速发展。

作为网络通信的基础设施，我国网络设备市场规模增长十分迅速。根据 IDC 统计数据，2017—2021 年，我国每年网络设备市场规模分别为 83.5 亿美元、90.2 亿美元、84.9 亿美元、91.3 亿美元和 93.7 亿美元，呈现持续增长的趋势。网络交换机、网络路由器、无线网络产品等设备在政府、企业组织中得到广泛应用，形成华为、新华三、中兴通讯、烽火、普天等通信设备生产制造企业。

电报的发明被认为是近代通信的起源，电话的发明使得人类的声音可以通过电线传播，手机的发明则标志着人类敲开了无线通信的大门，通信技术使得信息可以通过有线或者无线的方式从一个地点传送到另一个地点。经过长期的发展，当前的通信技术和手段已经发生了翻天覆地的变化，并一次次推动整个社会进行新的产业革命。

通信技术包括有线通信和无线通信两种方式，其中，有线通信是以金属导线或光纤作为介质来传输信息，无线通信是利用电磁波的传播特性传递信息，以电信运营商网络为基础的移动通信是无线通信技术的典型应用。

光纤通信具有干扰小、可靠性高、保密性强、不容易受到电磁干扰等特点，在企业、学校、医院、工厂、政府等地的局域网、城域网、广域网等场景中得到广泛应用。光纤通信通过终端接入、区域互联、干线通信等技术，在广播电视、电力通信、企业信息化、电信网络、数据中心等领域实现大规模部署和应用，为社会经济与技术的发展带来了重大变革。

2019 年 5 月，国务院常务会议提出，要把加快网络升级扩容作为扩大有效投资的重要着力点，加快千兆宽带网络的部署，推动固定和移动宽带迈入千兆时代。目前，随着以云计算、物联网、视频直播、AR/VR、超高清等为代表的新兴技术不断崛起并开始规模化应用，以光纤通信作为物理基础，以千兆网络赋能千行百业，将成为今后较长一段时间的任务重点。

我国的移动通信从20世纪80年代的1G时代，到2019年5G正式商用，短短的几十年，我国的移动通信已从单一、低质的语音通话阶段发展到高速率、高可靠、低时延的多业务类型通信阶段。我国移动通信发展历程如图2-1所示。其中，1G时代的移动通信以模拟技术为基础，业务功能比较单一；2G时代的移动通信技术以码分多址（CDMA）和全球移动通信系统（GSM）技术为基础，具备语音通信和数据传输的功能；3G时代的移动通信实现了多媒体模块与无线通信模块的有效结合，能够进行多媒体数据的传输；4G时代的移动通信采用了多输入多输出（MIMO）、正交频分复用（OFDM）、软件定义无线电（SDR）等技术，使得无线通信的传输速率、通信质量、兼容性大幅提升，能够可靠、高速率地传输语音、图像、视频和文件；5G相对于4G有着更高的传输速率，高速率、低时延、大连接是5G移动通信的特点，5G网络为构建人、机、物互联的泛在网络提供了技术支撑。

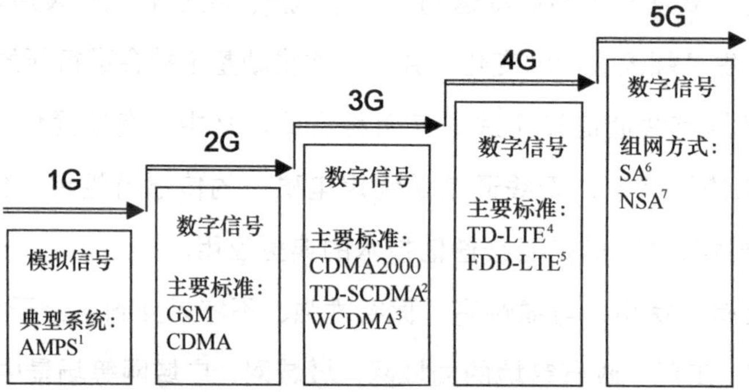

图2-1　我国移动通信发展历程

注：1. AMPS：Advanced Mobile Phone System，高级移动电话系统。
2. TD-SCDMA：Time-Division Synchronous CDMA，时分同步码分多址。
3. WCDMA：Wideband CDMA，宽带码分多址。
4. TD-LTE：Time Division-Long Term Evolution，时分长期演进。
5. FDD-LTE：Frequency Division Duplexing-Long Term Evolution，频分双工长期演进。
6. SA：Standalone，独立组网。
7. NSA：Non-Standalone，非独立组网。

工业和信息化部通信业经济运行情况显示，截至2024年10月底，我国累计建成

5G 基站 414.1 万个，5G 网络基础设施的建设和技术应用为我国当前的社会经济发展注入了新的动能，基于 5G 的创新型应用场景不断涌现，已经在赛事直播、智慧医疗、远程教育、智能制造和智慧农业等方面逐步展开应用。

2022 年的北京冬奥会采用 5G 技术，体育场馆中的摄像机将拍摄的实时画面直接回传到演播室。同时，网络切片技术的应用使得全国各地的观众能够自由选择场景画面，在多路视频中用不同的角度观赛，实时了解赛场中每个场景的画面。郑州大学第一附属医院采用 5G 技术，使得医学专家能够远程控制患者端的机器人和超声探头，调整机器人头部摄像机的角度，控制 B 超影像系统，实现与患者的视频沟通和远程诊断。另外，5G 技术在教育方面的应用，使得名师讲堂、在线学习、全景课堂、虚拟实验室、教学交流等各种新型的教学方式和教学活动应运而生，在激发学生兴趣、增强互动性的同时，也使学习体验、教学质量得到了改善和提升。

网络技术和移动通信技术的发展促进了移动互联网、移动物联网的蓬勃发展。根据工业和信息化部、中国信息通信研究院统计数据，经过长期的发展，我国的手机网民用户数量已从 2008 年 12 月的 1.17 亿增长到 2017 年 12 月的 7.53 亿，到 2024 年 6 月，手机网民用户数量已达到 10.95 亿。手机上网流量在 2017 年为 235 亿 GB，到 2024 年上半年，我国手机上网流量已达到 1604 亿 GB。移动互联网应用也从初期的短信、彩信、网页浏览，逐步转向网络购物、短视频等全面的数字化应用，各种移动流量消费应用全面升级。

随着物联网技术的不断发展及其在不同领域和行业的应用，特别是在 4G、5G 网络基础设施建设的加持下，移动物联网的应用逐渐从闭环、碎片化向开放、规模化方向发展，行业应用规模不断增长。根据工业和信息化部数据，截至 2024 年 6 月底，我国移动电话基站总数达到 1188 万个（其中 5G 基站总数达到 391.7 万个，占移动基站总数的 33%），蜂窝物联网终端数达到 25.29 亿户，初步形成多网协同发展、城乡普遍覆盖、重点场景深度覆盖的现代网络基础设施应用格局。

作为无线通信的一种，卫星通信与导航系统是以卫星作为通信中继站，实现地面信号发送站、地面信号接收站、卫星之间信息传递的一种通信方式。卫星通信与导航系统对一个国家的民生与社会经济发展具有重要作用。2000 年年底，我国北斗一号卫星导航系统初步建成并开始试运行，自此，我国成为全球第 3 个拥有成熟卫星导航系统的国家。2020 年的 6 月 23 日 9 时 43 分，我国第 55 颗北斗在轨卫星的成功发射，标志着北斗三号全球卫星导航系统星座部署完成，开始面向全球提供服务。目前，基于北斗的定位与导航系统在交通、电力、农林、渔业、公安等领域被广泛应用，已成为助力行业信息化和社会经济现代化发展的重要推手。

2.3 互联网行业发展现状

自 20 世纪 90 年代互联网引入我国，经过长时间的发展，目前我国的互联网基础设施日益完备，基础资源逐渐充实，业务应用不断丰富，基于计算机互联网和移动互联网的终端用户数量持续增长，互联网已成为我国普通民众和社会公共服务不可或缺的工具。

根据中国互联网络信息中心发布的第 51 次《中国互联网络发展状况统计报告》数据，截至 2022 年 12 月，我国的网民数量规模已达 10.67 亿，互联网普及率达到 75.6%，在互联网基础资源方面，我国的 IPv4 地址数量达到 39182 万个，IPv6 地址数量达到 67369 块 /32，IPv6 活跃用户数达到 7.28 亿，我国域名总数为 3440 万个。

互联网用户规模的不断扩大和基础设施资源的日益完善，使得基于互联网的网络应用、网络内容日益丰富，形成信息咨询、音视频媒体、线上商城、网上金融、远程会议、网络游戏、电子商务、资源下载等各种各样的网络平台和门户网站。按照提供服务的不同，当前基于互联网的应用可概括为新闻资讯类、信息搜索类、基础设施服务类、电子商务类、即时通信类、泛娱乐类等。

新闻资讯类互联网应用主要进行资讯信息的发布，包括综合性的资讯门户网站、地方性的综合资讯网站、政府官方的信息发布网站、垂直行业的资讯网站，以及各种新媒体资讯平台等。通过新闻资讯类网站，用户可以及时、准确、全面地获取各种资讯信息。

信息搜索类互联网应用主要实现用户输入关键字，就可以在极短的时间内查找到其所需要的信息，从而极大地节约信息搜索的时间成本。信息搜索的结果可以通过多种形式呈现，例如文字、图片、视频等。

基础设施服务类互联网应用指的是服务提供商把IT基础设施作为一种资源，通过网络对外提供服务，并根据用户对资源的使用或者占有情况进行计费的一种服务模式。在这种模式下，用户不需要构建单独的基础设施，而是通过互联网使用服务提供商的存储、计算和网络资源，服务提供商采用虚拟化、弹性的控制策略集中管理所属的基础设施，根据用户的实际需求向其提供所需容量的资源。

信息技术和互联网在商业贸易中的应用使得传统的商务活动变得更加广泛和灵活。1999年，阿里巴巴网站的诞生，标志着我国的电子商务迈入了崭新的发展阶段。2003年，以支付宝为代表的第三方支付机构开始涉足电子支付领域，为电子商务产业的发展再一次注入新的动力。之后，伴随着移动智能终端应用的普及，以及移动互联网的发展，电子商务平台和银行陆续推出了便捷易用的客户端App，并实现了银行与支付平台间的业务对接，自此，我国进入移动支付时代。

互联网技术在商业贸易中的不断应用和发展，尤其是在物流快递、电子支付、电子认证等领域的应用不断深入与拓展，使我国的电子商务发展迅猛，电子商务逐渐成为国家经济新的重要增长极，以及国民经济持续增长的重要动力。根据电子商务研究中心发布的《2023年度中国产业电商市场数据报告》，2019年到2022年，我国电子商务产业的市场规模持续增长，每年分别为25万亿元、27.5万亿元、29.11万亿元和31.4万亿元。而到了2023年，我国电子商务产业市场规模已达到33.89万亿元，比2022年增长了7.93%。

电子商务的发展使得传统的商品营销和购物方式发生了较大的变化，在新模式下，商家可以构建覆盖全球的营销网络，购物者则可以在任何有网络覆盖的地方，在线浏览并选购所需商品，轻松地完成支付与购买。当前，我国基于电子商务的购物平台仍在不断涌现，涵盖B2B、B2C、C2C、B2G、C2G等各种业务类型。

作为互联网基础应用服务之一，即时通信软件自诞生以来就备受欢迎，用户规模和用户使用率持续攀升。根据中国互联网络信息中心公布的数据，从 2019 年到 2023 年，我国即时通信软件的用户规模分别为 8.23 亿人、9.86 亿人、10.07 亿人、10.38 亿人、10.60 亿人，使用人数不断增多。

即时通信软件已广泛地渗入人们的日常工作、学习和生活中，人们通过即时通信软件随时发送文字、图片、语音、视频等信息，便捷地进行对话沟通与社交互动。同时，部分即时通信软件还提供群组语音、群组视频、会议、考勤、直播、支付和娱乐等多种功能。

互联网技术的发展还促使网络游戏、网络文学、电子竞技、动漫等泛娱乐产业不断发展和变化。借助网络技术、数字技术和现代信息平台，传统产业与现代科技深度融合，促使游戏、文学、影视、音乐、动漫、出版等领域的呈现方式与传播模式发生了巨大的变化。

当前，人们已经可以不受时间和地点的约束，在任何时间、任何地点享受在线娱乐服务，娱乐和生活的界限已经模糊。全球知名咨询公司弗若斯特沙利文的统计报告显示，我国的泛娱乐市场规模在 2017 年为 2992 亿元，至 2021 年市场规模已达到 7003 亿元，短视频、在线直播逐渐成为当下新兴的经济增长模式。

2.4 新兴软件与信息技术发展现状

随着科技的发展和技术的不断进步，尤其是进入 21 世纪以后，以云计算、大数据、人工智能等为代表的新兴技术发展十分迅速，新兴技术相关软件与信息技术服务开始逐步在一些行业和领域展开应用。根据工业和信息化部数据，2023 年软件产品收入达到 27498 亿元，占全行业收入的 22.2%；信息技术服务收入达到 81210 亿元，占全行业收入的 65.7%；信息安全产品和服务收入达到 1279 亿元；嵌入式系统软件收入 13655 亿元，占全行业收入的 11%。

随着产业规模的不断扩大和技术水平的不断提升，以云计算、数字孪生、大数据、人工智能、区块链、虚拟现实等为代表的新兴技术快速发展，新技术、新产品、新模式、新业态不断涌现并逐步成熟，新兴软件与信息技术服务业步入加速创新、快速迭代、转型发展的爆发期，逐渐成为数字经济时代网络经济发展的重要驱动力。

作为一种新型的综合性基础设施，云计算已逐渐成为我国战略性新兴产业的重要组成部分。中国互联网协会发布的《中国互联网发展报告（2021）》《中国互联网发展报告（2022）》数据显示：2020 年，我国云计算整体市场规模为 1781.8 亿元；2021 年，我国云计算整体市场规模为 3229 亿元，已形成阿里云、天翼云、华为云、腾讯云、百度云等云计算平台，云计算市场规模庞大，增长势头十分强劲。

云计算是一种新兴的资源和服务共享模式。在这种模式下，云计算平台的硬件资源、网络资源、应用环境等可按照用户的需求随时随地、按需按量地进行分配和调用，从而为不同的客户和应用提供广泛、弹性、快速、可度量的定制化服务。云计算的主要功能示意如图 2-2 所示。

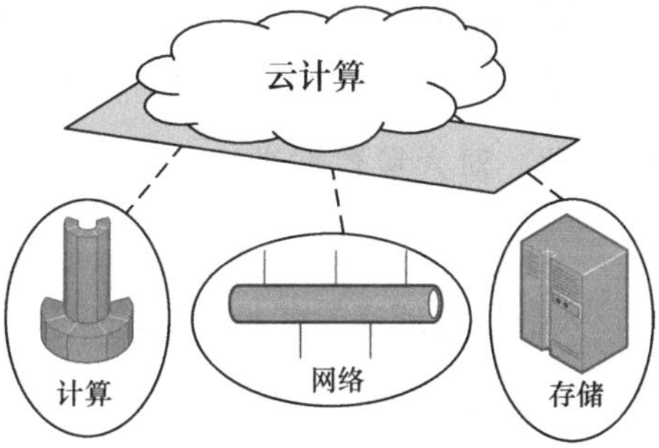

图2-2　云计算的主要功能示意

目前，基于云计算的应用和服务已在政务、金融、工业、交通、医疗、教育等多个领域展开了应用。在上海、浙江、北京、广东、四川、福建、江苏等地，当地政府通过建设政务云平台，实现了政务统一平台受理、统一身份认证、统一公共支付等功能。通过政务云平台，各个部门间的数据壁垒得以打通，企业和个人实现了各项业务的“一站式”办理，政府公共服务的成效、能力和品质得到大幅提升。

云计算模式在公路、铁路、航空、轨道交通等交通行业的应用，使得行业内各个部门、各个环节的信息都通过统一的“智慧大脑”进行汇聚、管理、统筹和共享，这不仅降低了交通运输管理部门的运营成本，也使得交通线网的通行效率、乘客的出行体验得到大幅的提升和改善。

随着云计算、物联网技术的发展和应用，在车联网、工业控制、高清视频、虚拟现实等对数据实时性要求比较高的场景下，完全基于云架构的数据存储和计算模式呈现出其固有局限性，边缘计算的出现为此类场景的应用提供了新的解决方案。

边缘计算是在靠近终端设备或者数据源的一侧，通过网络、存储、计算、处理等一体化的平台就近提供服务的一种方式，边缘计算对实时性要求比较高的业务场景具有较强的适用性。随着物联网、大数据技术的应用，边缘计算迎来了前所未有的发展机遇，根据工业和信息化部的统计数据：2021 年，国内边缘计算的市场规模已达到 325 亿元，同比增长 62.5%；2022 年，国内边缘计算的市场规模则进一步增至 530 亿元，增幅达 63.1%。随着 5G 网络的广泛覆盖，以及基于 5G 网络的应用不断增多，边缘计算的市场规模仍将进一步扩大。

云计算的发展和应用使得数据采集、数据处理、数据利用等相关的技术变得越来越重要。随着数据量的持续增长，当数据体量达到一定级别时，现有的算法和工具无法在合理的时间内完成处理，对大量数据进行分析和处理需要采用特殊的方法和技术。

按照数据处理的流程，大数据处理通常包括数据的采集与记录、数据抽取、数据清洗与标记、数据转换与约简、数据分析与建模、数据解释与呈现等过程，涉及的技术包括数据采集与解析技术、大规模并行计算技术、数据存储与管理技术等。目前，我国大数据产业领域的企业既有百度、腾讯、阿里巴巴等知名互联网公司，也有华为、浪潮、中兴通讯等科技领先企业，涵盖了数据采集、数据存储、数据分析、数据可视化，以及数据安全等各个领域。

人工智能是指研究、开发用于模拟、延伸和扩展人类智能的理论、方法、技术及应用系统的一门技术科学。人工智能涉及计算机、数学、统计学、控制学、神经学、语言学等多门学科，研究领域包括机器人、语音识别、图像识别、自然语言处理和专家系统等。

目前，人工智能已经成为科研创新的热点领域，创新成果不断涌现，尤其是将人工智能和大数据结合后，人工智能技术在机器学习、自主学习、深度学习等方面的能力得到了大幅提升，采用人工智能技术的硬件和软件产品不断产生、日趋多样、逐渐成熟，被广泛地应用在家居、制造、金融、安防、交通、医疗、教育等各个领域。

当前，我国的人工智能技术在计算机视觉识别、语言语义识别与分析、机器学习与算法平台等方面都实现了广泛应用，在人工智能领域出现了大批科技领先企业。

随着区块链技术的不断完善，以及为越来越多的人所了解，区块链技术被誉为最有可能改变未来世界的技术之一。

区块链采用“去中心化”的分布式账本技术，在对业务活动进行数据加密、隐私保护的同时，实现了数据信息和不易篡改证明的安全存储。近年来，我国区块链市场规模不断增长，区块链相关企业的数量日益增多，应用领域逐渐多样，区块链技术在食品、农业、医疗、司法、金融、证券、政务、交通等行业逐步展开应用。例如，北京市推行的“区块链 + 电子证照”，利用区块链数据加密、不可伪造、公开透明、全程留痕的技术特性，打通全市不同政务部门的信息平台数据壁垒，实现平台间的互联互认，用户只需要在一个平台上注册账号，就可办理公安局、民政局、教育局、人力资源和社会保障局等多个部门的相关业务，实现“一次注册、全网通办”。另外，区块链还在金融、食品、医疗、政府公益服务等方面展开应用，在便利金融资产的安全存储、转移和交易，加强食品和医药的质量管理及问题溯源，保障政府公益资金的监管和使用等方面都起到了重要的促进作用。

数字孪生技术采用传感技术、建模与仿真技术，将物理世界的人、事、物等映射到网络虚拟空间，并采用网络化、数字化、智能化等技术手段进行分析、处理和仿真，通过在数字化的环境中模拟和优化虚拟实体的运行和性能，实现对物理实体的监管、优化、重构与再造。

数字孪生技术以数字映射的方式构建了物理世界和虚拟环境相互对应、虚实交融的应用体系，在工业制造和控制领域较早展开应用。通过采用数字孪生技术，物理世界的产品在三维的数字空间实现镜像和映射，通过对三维数字模型反映实体的精确测量和监控，产品实体的各种属性、参数和运行特性都能够被及时掌握。同时，数字孪生系统记录了物理实体实时和历史采集的数据，通过采用仿真模型、人工智能算法分析采集的数据，优化和改进产品的生产工艺、制造流程，为产品的管理和决策提供支持，并预测产品的发展趋势。

随着传感技术、通信技术、网络技术、数字建模与仿真等技术的发展，目前，数字孪生已在建筑、医疗、汽车制造、航运交通、城市管理、生态保护等领域展开了技术探索和初步应用。例如，成宜高速采用数字孪生技术，将全程布设的视频、雷达、光照、气象、温度等传感器采集的数据统一接入智慧高速系统平台，构建了成宜高速的“数字平行世界”，从而实现对高速公路上人、车、环境的全方位、全天候精准感知。在数字化的高速系统中，路面的车辆、车道线、道路和沿线标志均清晰可见，该系统通过对各种数据的全面采集、智能分析和趋势预测，实现了对道路和车辆信息的精准感知。数字孪生高速公路系统的使用，能够及时地发现并管控成宜高速的交通拥堵，也能够快速地识别与处理交通事故，大幅提升运行效率和服务效能。

另外，国家电网有限公司采用数字孪生技术开展了数字孪生变电站的试点建设，上海市城市运行管理中心采用数字孪生模型进行了城市安全和城市运行方面的初步应用，中国南水北调集团采用数字孪生技术建设了南水北调（洪泽泵站）大型泵站水泵声纹 AI 监测系统，这些案例表明数字孪生技术已在各个行业陆续开展了先行先试的应用。当前，基于数字孪生的场景与应用正在变得日益丰富，数字孪生技术也将在各行各业的应用中迎来新的发展机遇。

2016 年，工业和信息化部印发了《信息化和工业化融合发展规划（2016—2020）》，提出要将虚拟现实作为重要的经济增长点。此后，国务院、国家发展和改革委员会、地方政府等也都陆续发布了系列政策文件，要求大力支持虚拟现实相关技术的研发与应用。在国家政策的大力推动下，我国的虚拟现实行业发展迅速，市场规模稳步增长，虚拟现实产业链的企业数量不断增加，并初步形成产业聚集发展的态势。

当前，我国在虚拟现实领域的产品包括近眼显示、整机装备、工具软件、分发平台等多种类型。根据 2022 年虚拟现实产业联盟发布的数据，“中国 VR 50 强企业”中有一半以上企业的年销售额已超过 1 亿元，其中，年销售额介于 1 亿元到 10 亿元的企业数量从 2019 年的 7 家扩充至 2022 年的 22 家。

随着虚拟现实相关技术的不断发展，虚拟现实技术已在影视娱乐、产品设计、建筑制造、医疗健康、教育等方面展开应用。而在比较成熟的应用中，腾讯、爱奇艺、优酷等互联网平台开设的VR视频专区，电子商务平台淘宝推出的VR试穿购衣服务，房产经纪公司贝壳推出的 VR 看房等都是 VR 技术与行业应用相结合的典型案例。

第3章

文化与旅游产业数字化发展概况及存在的问题

3.1 文化产业数字化发展概况

从 20 世纪 90 年代互联网进入我国以来，我国启动了以“三金工程”为代表的国家信息化示范工程建设。经历了 20 世纪 90 年代的通信基础网络建设初步发展期，21 世纪第一个 10 年的互联网与移动互联网快速发展期，以及 2010 年以来的新一代信息基础设施建设发展期。当前，我国的信息化基础设施建设水平已得到大幅提升，信息化基础设施建设规模位居世界前列。

以信息化基础设施建设和使用水平的提高为依托，我国文化产业的数字化水平同步得到提高，文化产业相关领域的信息化水平快速发展，基于数字化的文化内容创作和传播方式迅猛增长。通过采用信息化的技术手段，我国的图书馆、文化馆、美术馆、博物馆建立了以数字化、网络化为基础的业务系统平台，从而使信息可以在内部和外部高效地传递和共享，文化产业的数字化管理水平和运行效率得到明显的提升。

目前，经过长期的发展，我国的图书馆已经实现了用户访问、资源录入、典藏收集、数据流通、文献检索等多方面的在线业务应用和管理，为图书馆的内部管理和读者提供了综合性、全方位的集成应用与服务。

数字技术和网络应用的不断拓展和普及，推动图书资源的使用方式已从线下的纸质阅读模式转变为线下线上相结合的“复合型”阅读模式。通过将纸质图书资源电子化，图书资源从纸质形式转化为数字形式，被引入计算机系统，在大规模节约存储空间的同时，也为图书资源跨区域共享、全方位信息传递，以及线上阅读与检索提供了便利。

通过建立图书馆联盟，不同的图书馆之间实现了图书资源的信息共享，而互联网的使用使得图书馆本地资源库与国内外资源数据库互联互通，读者也因此能够以本地图书馆系统为入口，获取丰富的电子信息资源。

借由文件、海报等宣传方式，传统文化馆向公众提供了多种多样的线下文化演出、文化展览、文化培训等内容。但受限于宣传覆盖范围小、现场场地条件不佳、沟通渠道不畅等原因，传统文化馆的作用与发展十分受限，其功能和作用尚不能得到充分发挥。

信息技术的应用和网络化、数字技术的发展拓展了传统文化馆的业务内容和服务功能，数字化的内容呈现形式和网络化的信息传送方式使得文化馆的服务能力得到极大提升。当前，文化馆采用数字技术，已建立了文字、图片、声音、视频等各种形式的数字化载体文化资源库，涵盖了公共文化、文艺演出、文化讲座、教育培训等各种内容。同时，文化馆以互联网作为交流方式，面向公众提供在线咨询、在线直播、远程教学、在线办公等服务，大幅增强文化馆的服务能力和服务效率。

美术馆应用信息技术和数字技术，大幅提升了其管理水平和工作效率。通过线下与线上相结合的方式，参观者可以摆脱时空的限制，随时、及时地了解美术馆的展览信息，在线欣赏美术作品。当前，美术馆建成综合管理和服务信息化系统，内部管理人员可以通过该系统方便地实现日常办公，例如，展览、藏品、票务等业务的管理，新闻、公告、法律法规等信息的发布，以及数字资源的采集、加工、存储、利用等。参观者可以随时登录该系统浏览和检索信息，下载相关的资讯、资源，在线欣赏美术展览，分享心得体会。

我国五千年的文明长河中，留下了许多令人叹为观止的优秀文化遗产和文物。信息技术和数字技术在博物馆的应用使博物馆的管理变得十分便利，同时，数字技术也使博物馆传统的档案、文物实现了数字化转化，大量的博物馆藏品能够在互联网上展示，这无疑对中国历史和中华文明的传播和弘扬起到了极大的促进作用。

当前，通过采用信息技术和数字技术，博物馆的大量藏品、文物都得以在数字存储空间中保存，这为物件信息的分类、存储和管理提供便利，同时也使得广大参观者能够随时随地在线观赏。参观者可以登录博物馆网站或者手机App，轻松地实现对馆藏文物和藏品信息的浏览、查找，并可以通过旋转、放大或者缩小等操作全方位、无死角地观赏。同时，结合在线页面呈现的文物和藏品的历史背景介绍，参观者还能在欣赏的同时更加深刻地感知文物、藏品背后的浓厚历史文化底蕴。

作为文化产业数字化的重要组成部分，文化内容数字化既包括传统文化的数字化转化，也包括现代文化的数字化制作。

我国漫长的历史文明进程中积淀了浩如烟海的古籍名著，但历经岁月侵蚀，能够流传至今的已十不足一。古籍名著凝聚了前人的心血与智慧，是中华文明弥足珍贵的历史文化遗产，更是中华民族优秀文化传承的精神纽带。通过扫描、拍照、录音、录像、情景还原等数字技术，对古籍名著进行数字化转化，能够使古籍名著以数字形式完整清晰地保存下来，对古籍名著的长期保存和有效利用起到重要作用。

我国的古籍名著数字化转化初现于20世纪90年代，进入21世纪以后，随着计算机和网络技术的不断进步和普及，古籍名著的数字化转化能力突飞猛进。据不完全统计，目前我国在线发布的古籍名著数字资源已超过13万部（件），形成了中国典藏古籍数据库、中华经典古籍库、中国方志库、中国历代石刻史料汇编等大型古籍名著数据库，以及以《四部丛刊》《四库全书》为代表的大型丛书电子检索系统，我国古籍名著的数字化转化取得了阶段性成果。

历史影像记录了时代的变迁，反映了历史不同时光轴上人们的生活足迹，但由于早期的影像均以胶片的形式保存，随着时间的流逝，这些胶片逐渐发霉和损坏。运用数字技术和现代化的修复手段对历史影像进行数字化转化和修复，使得珍贵的历史影像重新焕发生机和活力。

2006年，中国电影资料馆启动了“电影档案影片数字化修护工程”，截至2022年，中国电影资料馆完成2000余部馆藏影片的修复和数字化转化工作，并对包括《上甘岭》《燃烧的影像》《解放了的中国》在内的数百部经典影片进行了2K、4K的精致修复和数字化转化。西影集团（原西安电影制片厂）承担着陕西历史影像的摄像、保存和修复工作，通过物理清洁、数字化修复、数字化校色、音频修复、声画合成等工艺和流程，截至2023年2月，西影集团实现了20世纪20年代以来的300余部胶片电影的修复和数字化转化，修复长度已累计超过90000米。工作人员修复电影胶片如图3–1所示。

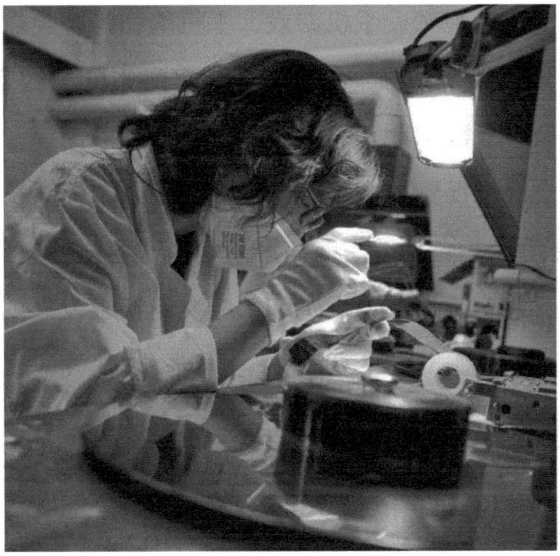

图3-1 工作人员修复电影胶片

美术作品在进行参展和布展时，博物馆、美术馆的橱窗通常是其唯一的展示渠道，随着数字技术的引入，美术作品正在逐步摆脱物理空间的束缚，以全新的形式呈现在人们面前。一方面，数字技术的应用使得传统的美术作品得到修复和数字化转化；另一方面，数字技术也为美术作品的展示方式提供了多种可能。目前，数字技术与美术创作的融合正逐渐成为一种新的流行趋势。

博物馆是文化、文明传播的重要阵地，博物馆的文物承载了人类历史长河的璀璨文化，在传统的文物观赏模式下，观众需要亲身走进博物馆，在博物馆的实物空间中游览，数字技术在博物馆领域的应用，使得博物馆的参观、文物的展示以新的方式呈现在人们的面前。通过采用平面或者三维扫描、数字建模、数字拓印等技术手段，平面类、立体类文物从线下被搬到线上，人们即使足不出户也可以查询、观赏各类文物，并能根据个人喜好仔细观察文物的细节。目前，博物馆文物的数字“活化”已开始逐步推进，在数字技术的加持下，博物馆正逐步焕发出新的光彩与活力。

网络通信技术的迅速发展促进了文化产业的繁荣，并为文化产业数字化内容的生产与传播注入新的活力。目前，各种基于网络和电子设备端的文化内容正日益丰富，文化内容的种类和数量也在持续增多，形成了基于网络创作、网络教育、网络文学等领域的网络文化，手机视频、手机游戏、手机购物等各类数字应用，以及基于数字技术创作的数字音乐、数字动画、数字影视等多种形式的数字文化。在出版方面，目前已经形成了网络杂志、数字期刊、电子书、数字图书馆等形式的内容。在影视方面，形成了网络广播、网络视频、数字音乐、数字动画、移动视频等形式的内容。另外，网络文学、网上会展、远程教育、网络游戏等形式各样的文化内容也在不断发展，日益繁荣。新兴文化业态正逐渐成为促进和引领文化产业发展的新动能和重要力量。

3.2 旅游产业数字化发展概况

20 世纪 90 年代互联网技术进入我国，基于互联网的旅游门户网站开始出现，并提供以文字形式描述的较为简单的景区介绍信息。随着电子商务的发展，以及电子商务被引入旅游门户网站，旅游门户网站开始提供旅游景区参观预订服务，但账款和票据仍需要线下流转。2002 年 4 月，广东省佛山市南海区建设的南海旅游网成为我国首个运行数据管理系统（DMS）的旅游门户网站，可以向游客提供食、住、行、游、购等多方面综合信息的查询服务。2003 年 7 月，我国最大的旅游门户网站——中国旅游网在北京创立，经过长期发展，中国旅游网已成为国内外广受关注、颇具影响的大型旅游门户网站。

互联网技术的快速发展和在旅游产业中的应用促使我国旅游产业各类门户网站、线上交易平台不断涌现，蓬勃发展。

当前，诸多省（自治区、直辖市）、城市、景区都建设了自己的旅游门户网站，对外提供旅游公共信息服务，展示旅游资源和当地的风土文化。基于旅游门户网站，游客可以查询当地的旅游景点、旅游资讯、旅行社等，还可以购买景区（景点）的门票，以及预订酒店、租赁车辆，从而更好地规划自己的旅游行程。以成立于 2001 年的河南旅游网为例，经过多年的建设和不断完善，目前，河南旅游网已经成为一个规模庞大、内容丰富、服务功能完善的专业型旅游门户网站，具有旅游咨询、景区动态、政策法规、全省景区导览、在线旅游商城、景区直播、旅游宣传、地方名吃、全景漫游、精品线路等各种专业性的旅游服务板块。同时，该门户网站还推出了微信公众号、官方微博、今日头条等多个平台的官方账号，通过多种方式和不同渠道，全方位地拓展河南旅游的品牌形象与知名度。

互联网技术尤其是电子商务技术的发展，促进了在线旅游交易服务平台的建设，并因此带动了在线旅游产业市场的繁荣。前瞻产业研究院统计数据显示，2015 年到 2019 年，我国在线旅游交易量分别为 4127 亿元、5779 亿元、7426 亿元、8750 亿元、10059 亿元，交易规模快速增长。当前，我国的在线旅游产业市场逐步成熟，形成了诸多知名的在线旅游交易服务平台。

经过多年的发展，携程旅行网已成为全球知名的在线旅游交易服务平台，具有提供超过 120 万种的全球住宿服务，以及超过 480 家航空公司的国际航空票务服务的能力，在国内拥有超过9000万名会员。通过携程旅行网，游客可便捷预订国内外酒店，自由选择飞机、火车、汽车、轮船及租车等多样化出行方式，并根据需求定制自由行、跟团游、周末游、一日游、主题游、私家团或游学等特色旅游产品，同时轻松完成旅游攻略查询、门票购买及全球购等“一站式”服务。携程旅行网首页如图 3-2 所示。

图3-2 携程旅行网首页

同程旅行网在2004年成立，并于同年推出了同程B2B旅游交易服务平台。目前，同程旅行网已成为用户规模超过2亿人的综合性“一站式”在线旅行交易服务平台，涵盖了旅行交通票务预订、景点门票预订、在线住宿预订、电子支付等各种服务。

另外，驴妈妈旅游网、途牛旅游网、飞猪旅行网等在线旅游交易服务平台也都通过互联网技术、电子商务技术整合了旅游景区、住宿酒店、航空公司、旅行代理商等方面的资源，向广大游客推出了周边游、定制游、出境游等各种旅行产品和服务，在满足游客出行需要的同时，也使相关企业实现了高速发展。

智能终端、移动互联网的发展促使基于移动终端的应用不断增多并逐渐普及，通过移动终端完成各项操作已逐渐成为人们获取信息、预订服务、办理业务、转账支付的一个重要途径。当前，旅游服务微信公众号、微信小程序、App等已成为游客外出旅行的必备应用。

通过移动终端，游客可以随时随地获取在线旅游交易服务平台提供的各项功能，在较短的时间内获取全面的旅游信息，享受优质的旅行服务。例如，山东省文化和旅游厅通过整合山东全省的文旅资源，向游客推出“一部手机游山东”官方平台——“云游齐鲁”，提供文化、旅游、科技等全方位的服务，可以满足游客景区概览、直播观看、线路规划、场馆预约、美食民宿、乡村旅游，以及门票与酒店预订、文创与特产购买、场所查询、优惠互动等各种类型的旅行需求。而通过云南省文化和旅游厅推出的“一部手机游云南”官方平台——“游云南”，游客能够纵享云南16个州（市）的旅游资源，满足购买门票、刷脸入园、语音导览、线路规划、投诉求助、演出娱乐等各种需求，提供覆盖旅游前、旅游中、旅游后的全过程、全方位、全景式服务。另外，江苏省文化和旅游厅推出的“一部手机游江苏”官方平台——“苏心游”，提供信息咨询、票务购买、产品预订、活动预约、景区导览、退订退款等功能，游客使用“苏心游”平台，可以在线畅游江苏，享受舒适的全域旅游和文化服务。

大众旅游时代的来临使得旅游景区的人流量、车流量持续增多，尤其是在暑期、“黄金周”等旅游旺季，热门的旅游景区往往人山人海，周边交通严重拥堵，景区排队、游客滞留、停车困难等现象十分突出。此外，一些游客的不文明行为使得景区的环境遭受严重破坏，例如，折花、烧火、乱丢垃圾、随意刻画等，严重影响了其他游客的游览兴致，景区的运营管理也面临严峻挑战。

信息技术、通信技术、传感技术和物联网技术等在旅游产业中的融合与应用，使得旅游景区的运营服务水平和管理能力得到有效提升，有线与无线网络系统、视频监控系统、停车管理系统、电子票务系统、广播系统、信息发布系统、指挥中心综合调度系统等各种信息化、智能化系统在旅游景区逐渐得到广泛应用。

有线与无线网络系统为旅游景区的各种信息化、智能化系统提供基础信息通信网络，从而实现各种信息流、数据流的自由传递与交换。视频监控系统可以通过远程监控的方式监控景区内及周边主要道路、出入口、重要区域的人员、车辆情况，当有状况发生时，运营管理人员能够及时地疏导和管理。通过停车管理系统，进入景区的车辆可借助车牌识别技术进入停车场，按照停车指引找到车位，离开时系统自动完成计费扣款和抬杆放行，大幅提高了停车的效率。电子票务系统是由制票、售票、检票、退票等部分组成的综合性计算机管理系统，通过电子票务系统，游客能够自助式地完成票务预订、现场购买、检票进入等全流程服务。

日常情况下，旅游景区的广播系统通过播放背景音乐、安全提示、节目预告、天气预报等信息，为游客营造良好的游览氛围，当发生紧急情况时，广播系统可以与监控系统、火灾告警系统联动，配合完成景区游客疏散、消防指引、寻人找物等应急任务。信息发布系统以图片、视频、文字等形式向游客提供景区的景点介绍、游玩线路、游客须知、天气预报、注意事项等信息，游客能够通过信息发布系统获取全面、细致的信息和智能化的游览服务。

旅游景区的指挥中心综合调度系统能够实现对景区游客、票务、景观、基础设施等的全面集成和可视化管理，集应急指挥、实时研判、统一调度于一体。旅游景区的运营管理人员能在景区实现高效运营与管理，并为应急决策、事故处理提供信息和数据的支撑。

另外，大数据、云计算、人工智能等技术的蓬勃发展，促使旅游产业加速向智慧化方向转型升级，例如，通过采用大数据和人工智能技术，旅游景区对游客数量、车辆数量、停留时间、拥堵程度等进行分析，向游客及时地发送各项旅游提醒，从而为游客提供更加智能、更加精准、更加周到的服务。

3.3 文化与旅游产业数字化发展存在的问题

经过长期的发展，我国文化与旅游产业数字化在基础设施建设、信息传递、内容呈现、网络应用等方面取得了长足的进步，但从整体来看，我国当前的文化与旅游产业数字化水平在基础设施建设水平、技术应用、内容供给等方面还存在着发展不平衡、应用不充分、内容不充足等一系列问题。

3.3.1 数字化基础设施建设水平不均衡

我国地域辽阔，从南到北、从东到西，地理环境差异显著，不同的地域蕴含着不同的自然风光和人文风情。东部地区以平原为主，西部地区多为山地、丘陵和沙漠；东部地区历史悠久、经济繁荣，西部地区民族风情浓厚。东部地区水资源丰富，古典园林享誉世界，历史文化名胜不胜枚举；西部地区自然生态丰富多样，高原风光、大漠美景一望无际，民族风情原始古朴。

受地理环境、发展历史等因素的影响，长期以来，东部地区和西部地区的经济和社会发展一直处于不均衡的状态，西部地区的经济规模、发展速度、发达程度滞后于东部地区。东部地区人口密度大，产业聚集性强，进出口贸易规模庞大，拥有比较强劲的第二产业链、第三产业链及便利的交通设施，其年均 GDP 的贡献率占全国总量的一半以上。东部地区良好的经济环境和财政盈余带动了文化与旅游产业投资的增长，文化与旅游产业的收益又反哺地方经济的发展，从而形成了良性循环。西部地区人口约为我国人口总数的1/3，而西部地区的面积占据我国国土面积的2/3，人口密度小，中心城市间距较远，交通设施尚不完善。另外，西部地区以第一产业为主要收入来源，经济水平发展相对落后。

不同地区间的经济水平差异影响了地方政府对文化与旅游产业的投资力度，并因此形成了不同地区间文化与旅游产业数字化建设水平的差异。此外，由于我国东部地区的市场化程度相对较高，文化与旅游产业的发展与市场经济结合比较紧密，因此，市场机制在文化与旅游产业投资、建设、运营等活动中的作用较为明显；而西部地区则更注重政府投资和政府行政管理在文化与旅游产业发展中的作用，更加突出政府在推进产业发展过程中的主导作用，产业发展工作机制的不同加大了文化与旅游产业投资和数字化基础设施建设水平的差异，从而在整体形成了“东强西弱、南强北弱”的文化与旅游产业数字化基础设施发展格局。

以我国东部地区的江苏省为例，根据江苏省文化和旅游厅印发的《江苏文化和旅游领域数字化建设实施方案》，到2025年，江苏省文化与旅游行业数字化水平要全面提升，文化与旅游产业数智发展水平要达到国内领先，实现公共服务数字化城乡覆盖率100%，国有A级旅游景区、县级以上文化场馆要100%实现“一卡通”，全省“一网通办”“一网统管”“系统上云”实现率要达到100%。按照这一目标，目前，江苏省已基本完成文旅景区和场馆的办公与运营网络、车辆识别与停车管理、视频监控、广播与LED智能信息发布、智能一键呼叫等智能系统的建设，并陆续开始进行基于大数据的智慧文旅信息云平台建设，数字化、网络化、智能化相关的基础设施建设稳步推进。

在我国西部的四川省，省级和重点文化与旅游景区的旅游信息和旅游政务服务起步较早，发展相对较快，数字化基础设施建设较完善，例如，九寨沟已经建设了服务于办公、售票、监控、应急管理的光纤网络，覆盖景区内部重要位置、车站、售票厅等区域的监控系统，能够实现门票自动检测与识别、广播与LED智能显示与交互的智能化系统，以及基于物联网与大数据的全国首个“智慧景区”旅游信息化系统，信息化建设和应用水平位于全国前列。而对于四川省内其他州（市）的中小型文化与旅游景区而言，其客流量较小，投资有限，数字化基础设施建设水平相对较低，导致其管理和服务的水平、产品的档次和质量、运营的效率和效果等都与前者存在较大的差距。

另外，从全国各大城市的文化与旅游数字化基础设施建设水平来看，北京、上海、广州、深圳等一线城市的文化与旅游数字化基础设施建设水平高于其他城市的文化与旅游数字化基础设施建设水平，东南沿海地区城市的文化与旅游数字化基础设施建设水平高于中西部地区城市的文化与旅游数字化基础设施建设水平。

在云计算、大数据、物联网等新兴技术的加持下，一些发达城市已开始进行智慧旅游项目的建设。例如，南京市 2011 年建设的旅游大数据体系，通过运用大数据技术，实现了对客流多方位的监测和智能分析，游客能够通过智能终端完成在南京旅游过程中的“吃、住、行、游、购、娱”等一系列活动。杭州市于 2013 年启动建设的基于大数据和物联网技术的智慧旅游系统，能够通过“智慧服务亭”为游客提供信息咨询、景点导航、门票购买等各种服务。

深圳市文化广电旅游体育局通过建设基于大数据和移动互联网的智慧文旅系统，实现了旅游前、中、后全过程的信息供给和服务。同时，深圳市智慧文旅系统还接入了深圳市数字化城市管理系统，通过数据的集成与共享、综合分析与多维展示，全面实现了城市资源调度、交通运输、社会治理、生态文明等方面的管理与服务协同。另外，深圳市工业和信息化局 2022 年发布的《深圳市支持新型信息基础设施建设的若干措施》，对数字经济背景下深圳市新型信息基础设施的发展提出了新的规划，其中包括推进全市千兆光网的建设，在重点行业开展全光改造，提供万兆接入能力，开展 IPv6 的建设、升级和应用，支持区块链设施超级节点在深圳的落地等诸多方面，未来，这些新型基础设施的建设将为深圳文化与旅游产业数字化在全国范围内保持优势提供强有力的支持。

3.3.2 数字技术应用不充分

数字技术在文化与旅游产业的应用为游客带来了更加便捷、舒适和个性化的旅行体验，促进了文化与旅游产业运营效率和服务质量的提升，并逐渐成为推动社会经济发展的重要支柱。但是，由于我国地域辽阔，地域之间经济发展水平差异较大，而数字技术的应用需要前期大量的数字化基础设施建设资金投入，回报周期长。因此，随着社会经济的发展，虽然我国文化与旅游产业整体的数字化水平已有较大的提升，但同时也应看到在数字技术和文化与旅游产业相结合的过程中，场景拓展、应用服务、综合分析等方面仍具有较大的发展空间。

通过将数字技术、网络技术应用在图书馆中，图书馆的办公运行、图书管理、读者服务步入了智能化运行和管理的新阶段。图书馆内部的互动显示屏、广播、监控等数字化基础设施为读者创造了良好、便利的服务环境。图书信息采集和管理系统的使用实现了图书信息的快速收集、分类整理、便捷检索、高效分析等功能。依托网络技术，读者可以轻松实现图书预约、书目查询、线上续借、文献检索、文档传递等服务。无线射频识别（RFID）等物联网技术的应用使得读者只需要持有一张“一卡通”就可以实现图书馆全部图书资源的查询、预约、借阅、归还等服务，并且能够方便地在线观览和下载图书馆的网上资源。另外，借助移动互联网和客户端App，读者可以不受时间、地点的约束，随时随地获取图书馆的各项服务。

同时，作为图书信息存储的核心组件，图书资源数据库为读者提供了丰富的文献资源。目前，我国已经建设了一些规模庞大的在线文献资源数据库，例如，中国知网学术期刊数据库、重庆维普中文科技期刊数据库、北京万方数据库、超星数字图书馆等。数字技术将不同图书馆的图书资源数据库进行信息互联，并将本地图书馆的图书资源数据库与在线文献资源数据库互联，使得读者能够以本地图书馆为入口，获取众多其他图书馆的图书资源，以及各种在线文献资源数据库中的资源。

另外，数字技术和多媒体技术在图书馆的应用使得图书馆的馆藏资源除了传统意义上的图书外，还以光盘、音频、视频、电子出版物、电子文档等数字化存储媒介的形式出现，使得图书馆的馆藏资源更加多样。而镜像技术在图书馆领域的应用使得远程的文献数据可以在本地实现“克隆”，这样一来，即使是在远程服务断开的情况下，本地用户也能够在特定区域内下载和访问相关资源。

5G、大数据、云计算、人工智能、VR、人脸识别等新兴技术的发展，以及相关技术与图书馆服务的结合，将促使图书馆的运行管理、服务模式产生新的变革。目前，一些图书馆已经开始了相关技术在图书馆的初步尝试和应用。例如，一些图书馆在馆内的门禁系统上设置了人脸识别装置，读者进入馆内时只需要正对人脸识别摄像机稍作停留，系统就可以自动快速识别人员身份信息并开启闸机通道；一些图书馆在馆内设置了人工智能机器人，可以与读者进行语音交流，向读者介绍图书馆的情况，还可以回答读者咨询的相关问题。

但是，正如前文所述，当前新兴技术在图书馆的应用仍处于初步尝试与探索阶段，诸多技术在图书馆领域的应用场景和作用尚未得到充分的应用和发掘。未来，图书馆将充分发挥大数据的作用，为不同的读者提供个性化和定制化的服务，利用VR、AR技术的特性，采用更多的形式向读者进行内容展示与信息交互，利用人工智能的优势，快速地检索和定位馆藏书目等。

传统文化馆由于资金有限，数字化基础设施相对落后。随着数字技术与文化馆相结合，文化馆的服务逐渐从线下拓展到线上，用户通过文化馆的网站可以随时查询展览展示、文化活动、教育培训等信息。但是，目前文化馆网站的服务仍以新闻报道、宣传公告、政策法规等信息的查询与公示为主，文化艺术类的资源相对较少，且内容的呈现方式主要以视频播放为主，相对缺乏与群众的交流互动。同时，不同地区的文化馆之间，以及省市级的地方文化馆与国家公共文化云平台的联系相对较少，文化信息和文化资源缺乏有效的共享，文化馆馆藏文化资源的综合效能没有得到充分的应用和发挥。

大数据、云计算、“互联网+”等新兴技术与文化馆的结合将促使文化馆的服务能力得到更进一步的完善和提升。新兴技术在文化馆领域的应用和建设，将在更大的范围内满足用户的需求，在提供大众化服务的同时，也能够提供个性化、定制化的服务。同时，文化馆采用移动互联网的技术手段，也能够及时地跟踪、收集和反馈用户的意见和建议，从而使文化服务与用户的联系和互动性显著增强。

目前，一些省（自治区、直辖市）通过整合当地下辖区县和社区文化中心的资源，开始统一基于文化云平台提供文化、教育、艺术等领域的宣讲、培训和知识普及。同时，文化馆的门禁系统、监控系统、售检票系统等也开始采用数字技术进行升级和建设。但是，相关技术在文化馆整体的业务应用和内容推广方面仍处于少量和小范围的状态，数字技术尤其是新兴技术在文化馆的应用潜力还有待进一步释放。

数字化基础设施的建设和相关技术在美术馆领域的应用使得美术馆的信息化程度不断增强，美术馆的专业职能和公共服务能力也得到大幅提升。通过计算机互联网和移动互联网，用户可以随时在线查询、了解美术馆的馆况和馆貌，知悉展览信息，能够线上预约、线下欣赏美术作品。通过采用数字技术对美术作品进行数字化转化，使得美术作品能够十分方便地被存储和流转，从而有效提高了美术作品的管理质量，公众也因此可以方便地在线欣赏美术领域佳作。同时，网络系统、监控系统、门禁系统、广播系统、触摸屏等数字化基础设施的应用，也极大地改善和提升了美术馆的运营和管理水平。

5G、千兆宽带、全息投影、虚拟现实等新兴技术的发展为美术馆美术作品的展览和馆内实景参观提供了新的应用形式，语音导览、图形共生、虚拟展示等各种新颖的展示形式逐渐出现。顺应数字时代的发展需求，对新兴的数字技术在美术馆场景的应用方式进行研究和探索，将使美术馆的馆藏资源能够突破时空的限制，发挥出更大的社会效益，在提供更加丰富的美术馆服务的同时，开拓美术馆发展新路径。

数字化、信息化、网络化的技术手段在博物馆的应用使得博物馆中文物的信息采集、陈列展示、历史研究、交流分享等发生了重大的变化。数字化信息转化和存储手段的应用，使得博物馆的馆藏资源形成了庞大的资源信息库，这不仅使博物馆文物的管理变得更加便捷、高效，也使得相关文物能够通过视频、图片、音频、文字等多种形式展示，人们也因此可以随时随地、深入地对文物进行参观和了解。另外，数字化、信息化、网络化的技术手段在博物馆的应用还使得不同博物馆信息管理平台能够实现数据互通，博物馆之间可以不分地域地交流和共享文物信息资源，从而有力促进了文化遗产资源的传播和交流。

随着数字孪生、三维建模、虚拟现实、增强现实、移动物联网技术的发展，其在博物馆领域的应用将为博物馆文物的展列带来巨大的变化。例如，采用三维技术构建网络世界的“虚拟博物馆”、利用3D打印技术制作文物模型、通过AR技术重现历史文物的历史情景等。虽然目前相关技术在博物馆的应用尚处于起步阶段，但随着相关技术的发展，以及相关技术与博物馆相结合而形成的创新型应用，都将极大地提升博物馆的影响力和服务水平，以及博物馆文物的展列效果。

数字化、信息化、网络化技术的发展促使旅游产业发生了重大的变化，旅游产业的发展迎来了新的发展契机，并使得旅游过程中的食、住、行、游、购、娱等行为方式发生了深刻的变革。

互联网、电子支付和移动物联网技术在旅游餐饮业的应用，显著提升了游客的用餐体验。游客进店后无须排队，只需要扫描座位上的二维码即可浏览菜单、自助点餐并完成在线支付，系统会实时将订单传输至厨房进行智能分单和打印。此外，游客还可通过餐饮店官网或第三方平台实现远程预订、点餐及在线支付，享受外卖配送服务。用餐结束后，游客可通过移动端对菜品和服务进行评价，或通过社交平台分享美食照片及用餐体验。

数字化、信息化、网络化技术也让餐饮企业的管理和运营变得便捷和高效，餐饮企业可以方便、高效地进行企业内部的管理，统计分析餐饮进货和销售情况，了解并及时补充原材料的库存，以及采取积极的营销手段来提高店面的业绩。

数字化、信息化、网络化技术在旅游住宿领域中的应用促进了旅游产业住宿酒店内部的管理，也为游客在住宿预订和款项支付方面提供了便利。采用信息化的住宿管理系统，酒店可以随时了解客房的使用情况，精确地安排房间的预定、清扫、结算等事务，也可以随时统计和把控酒店客房的入住率和销售信息，并据此采取适宜的销售策略。同时，酒店的住宿管理系统可以与第三方旅游服务平台对接信息，从而方便游客在酒店网站、第三方服务系统、App 等多种渠道预订。另外，随着旅游住宿领域的不断发展，民宿式、公寓式、农家乐式的住宿酒店也通过信息化技术接入了不同的旅游服务平台，从而为不同类型的游客提供多元化服务。

但是，当前数字技术在旅游住宿领域的应用也存在应用比较单一、服务内容不够完善、智慧化应用不足等一系列问题，酒店收集的住宿数据并没有充分地得到发掘和使用，不同酒店间的数据信息传递和共享程度较低，存在为游客提供精准化、个性化服务的能力不足等问题。大数据、区块链、物联网、虚拟现实、人工智能等技术的发展为完善旅游住宿服务内容、提高旅游住宿服务品质、提升旅游住宿服务体验提供了更多可能，而将相关技术与旅游住宿中的场景相结合的应用空间巨大，有待未来进一步挖掘与尝试。

游客出行可选择公交、出租、自驾、火车、航空、轮船等方式，旅游形式有周边游、自驾游、国外游、乡村游等，通过数字技术、电子支付技术、定位与导航等技术在旅游交通领域中的应用，使游客可以在出行前规划出行路线，提前购买车票（机票或船票），并且在出行过程中可以随时通过移动终端查看交通路线、道路拥堵情况，从而实现对出行方式、交通路线的调整和修正。

进入全民旅游时代后，随着出行人数的不断增多，以及人们对旅行交通更高的品质追求，旅游产业中相关的问题也不断涌现，例如，在旅游旺季，道路拥堵已成为景区周边司空见惯的一种现象，而景区周边的交通疏导和景区内的客流疏散不能形成有效联动；游客在同一地区乘坐不同的交通工具时，需要反复提交个人信息并分别支付，在景区内乘车游览时由于车辆调度不足需要长时间排队等候等。

将物联网、5G、云计算、大数据、人工智能、区块链、定位与导航等相关技术拓展到旅游交通领域，充分发挥物联感知的作用，利用大数据技术发掘交通数据的价值，并在此基础上加以利用，将使交通出行变得更加智能，增强交通出行的便捷性和舒适性。目前，相关技术在旅游交通领域中的应用还有待逐渐展开。

游客在旅行前，通过景区的门户网站或者在线旅游平台就可以购买和支付景点的门票；游客到达景区后，通过景区门票扫描核验和人脸识别可以方便地进入景区；游览时，景区的LED屏、视频监控系统、广播系统随时为游客的顺利游览提供各项辅助。智能化、互联网、电子支付等数字技术在景区的应用为游客的游览提供了极大的便利。

随着大数据、人工智能、物联网、导航与定位技术的发展，将相关技术与游客的游览过程相结合，能够为游客提供更加多样、更加丰富的游览内容，带来更好的旅游体验。例如，通过采用大数据和人工智能技术，可以对游客进行属性分析，提取游客的职业、年龄、所在地、兴趣与爱好等信息，结合导航与定位技术向潜在游客精准地推荐更具吸引力的景区、景点供其参观，同时，根据游客当前所在的位置自动向其提供导游和导览服务，而在游客参观游览的过程中，能够自动向游客推送和播放景区、景点背后蕴藏的文化故事等。

另外，购物是游客在旅游过程中的一项重要活动，一些具有当地民俗特色的土特产、手工艺品、精巧美观的纪念品对游客有着极大的吸引力，也成为景区和当地经济创收的重要手段。但是，在选购纪念品的过程中，一些质量粗糙，甚至冒名顶替的产品，以及一些不良商家的欺诈行为严重影响了游客的购买兴致。将区块链、物联网、互联网等技术应用于旅游购物的过程，能够有效地化解上述问题，相关技术的应用方式和应用规模有待更进一步地挖掘和扩展。

在旅游活动中，景区和景点的娱乐设施、娱乐节目逐渐成为吸引游客前来参观的特色内容。在旅游过程中，参加和观赏景区的娱乐项目对游客放松心情、开阔眼界、增长知识等具有重要作用。采用智能化、自动化、信息化的技术手段，使景区的娱乐活动以各种各样的形式呈现，例如，采用自动化技术进行控制的娱乐设施，采用灯光、激光、音响等综合控制、应用、渲染的灯光秀、水舞秀，采用 LED、数字音乐、数字视频与实景表演相融合的现场演出，各种形式精彩纷呈。

但从整体来看，当前旅游娱乐项目内容的展现仍以组织方和表演方主动推送、游客被动接受为主要形式，内容推送者或者表演者与内容的接受者或观众的互动性不高，游客在欣赏节目时，仍有一种“置身事外”的感觉。网络技术、虚拟现实技术、全息投影技术的发展及其在旅游娱乐活动中的应用，能够让旅游娱乐项目打破内容传递者和内容接收者的界限，使观众能够“走进”演出场景和节目内容，“身临其境”地参与情景故事，进行沉浸式的娱乐新体验。当前，此类的场景和技术应用同样处于起步阶段，有待更进一步的挖掘和实践。

3.3.3　数字化内容供给不充沛

数字化内容是网络时代、信息时代的产物，具有便于长期存储、易于信息传递、传播效果好等特点。文旅产业通过数字化加工和转换，以文本、语音、图（影）像等形式对文化遗产资源、文化资源、旅游资源进行了数字化的存储和呈现，这不仅扩大了文化内容的影响，同时也增强、改善了游客旅游过程中的体验感。

随着数字经济时代的到来，数字经济的市场规模不断扩大，网络用户数量持续攀升，社会对文旅产业数字化内容的需求爆发式增长，文旅产业数字化内容和产品的创作与生产面临着前所未有的压力。

计算机、智能手机、平板计算机、电子阅读器等设备的出现，使得人们的阅读方式发生了重大的改变，人们的阅读习惯已从传统的纸质阅读转变为基于电子设备的数字化阅读。将传统的书面内容资源进行数字化转换是形成数字化电子读物的重要手段，例如，通过将图书馆馆藏的典籍、图片、报纸、刊物、模拟的音视频资料等资源进行数字化处理和转换，形成数字化的图书馆馆藏内容，从而可以通过网络分享与传递馆藏资源，同时将网络技术、数字孪生技术、虚拟现实与增强现实技术等相关技术与图书内容相结合，通过技术应用为内容的呈现形式和创作提供更多可能，从而让以往平面、单一维度的内容变为立体、多维的内容。

随着博客、微博、论坛、贴吧等媒体平台的出现，网络文学逐渐成为一种新兴的文学形式，以及数字化文学内容的重要组成部分。目前，网络文学的参与人数、读者用户量持续增长，屡创新高。

作为网络视听文化的重要组成部分，动漫、游戏的市场需求量十分庞大。2000—2022 年，移动端的动漫、游戏用户规模实现了快速的增长。随着大数据、人工智能、3D 建模与仿真、虚拟现实等技术的发展，以及其与动漫、游戏行业发展的结合，动漫、游戏的创作将在人机交互、虚实相生、沉浸式体验等方面具有更多的场景内容。

我国幅员辽阔，不同的地域有着不同的人文风俗，形成了各具特色的地方性文化。数字化和网络技术的发展改变了传统线下形式单一、内容枯燥的人文风俗展现模式，各地的文艺演出、公益培训、组织活动等都可以通过线上的形式欣赏、观看和参与。应用数字技术，可以预先录制文艺节目、公益培训节目，并叠加字幕、旁白和解说等信息，发布到网上，供观众随时观看。文艺演出、公益培训、现场组织的活动也可以通过网络直播的形式，直接通过文化信息平台发布，使观众能够实时地欣赏节目，实时参加在线培训，并随时与培训老师进行互动和交流。

数字化的音乐和影视是数字文化内容的重要组成部分。目前，我国数字音乐、数字影视用户数量逐年攀升，需求潜力巨大。通过文本数字化、图像数字化、视频数字化、音频数字化等技术手段，数字形式的音视频文件为信息的统一管理、存储、传输、表达等提供了极大的便利，极大地促进了文化、艺术、知识等内容的传播。

新兴技术的发展促使越来越多的现代科技元素被应用到文化节目的制作过程中。2021 年，央视春晚、河南春晚、央视元宵晚会、河南元宵晚会等大型晚会的节目表演中，特效技术、虚拟现实技术、360° 全景摄像技术等的运用使节目达到了极好的呈现效果，科技呈现与我国源远流长的中华文化激烈碰撞、相互融合，为观众打造了一场视觉盛宴。但从整体来看，作为新的应用与展现形式，利用数字技术进行的内容制作与呈现都还处于起步阶段，更多的文化内容、文化资源与新兴技术的结合和应用仍需要不断地开发、拓展。未来，随着相关新兴技术在文化作品、文艺演出等方面应用的逐步展开，更多精美纷呈的数字文化内容将不断涌现。

数字技术的应用使得美术作品能够通过拍照、扫描的手段将实体转换为数字化的文件，数字化的美术作品被发布到网络上后，观众可以随时随地观赏和浏览，从而在线上形成“永不落幕”的展馆。

计算机技术在艺术创作中的应用为美术作品的内容生产提供了新的手段。利用计算机高速的数据运算和处理能力，能够得到更加精确地表现美术作品制作过程的线条和图形，可以通过软件调整美术作品的颜色、光影效果，制作好的美术作品也可以随时修改、传输和完善。当前，通过采用数字技术，不同题材、不同内容的数码美术作品不断涌现，美术作品的种类、形式和内容不断得到丰富。

人工智能技术、3D、虚拟现实技术在美术绘画中的应用让美术作品的呈现具有了新的形态，静止的美术作品可以“动起来”，沉默的画作能够“发出声音”，用户简单地描述后，软件就能自动进行美术作品的创作和绘制，诸如此类的应用为观众带来了耳目一新的感受。

传统博物馆的文物展陈通常以物件的实体陈设方式展示，数字摄影和扫描将实体文物“搬到”互联网上，游客足不出户就可以在线浏览和欣赏博物馆的文物，这为扩大博物馆文物的知名度、传播博物馆文物背后的中国故事提供了极大的便利。三维建模、全息投影、虚拟现实、人工智能等新兴技术的发展和在博物馆展览中的应用，为博物馆文物的展示提供了新的形式，古物、古迹、壁画、珍品等历史文物能够以三维、立体的形式近距离地呈现在观众面前。

数字技术的应用和数字内容的生产也促进了旅游产业的发展。为了提高景区的知名度，吸引游客前来观光旅游，旅游宣传片已成为景区、景点对外宣传的有力手段。采用录制设备对景区的旅游风光、特色美景、人文风俗进行拍摄，再辅以视听、旁白、字幕等，这种数字化、网络化、多媒体形式的景区宣传方式极大地扩大了行业影响力，以及景区的知名度。

移动智能终端的普及应用和物联网、5G 技术的发展促使旅游短视频变得逐渐火热。目前，旅游短视频应用不断增多，用户数量持续攀升，视频内容日益丰富，旅游短视频逐渐成为带动旅游经济发展、扩大旅游景区影响的一种重要手段。

另外，旅游“云直播”也在各个景区陆续进行，并广为年轻人所接受和喜爱。通过在景区定点安装高清设备，用摄像机实时记录当地具有鲜明特色、地域风情的标志性风景。同时，摄像机获取的高清图像视频内容通过网络被传送到直播平台，异地游客可以通过终端设备接入“云平台”，就能随时随地地观赏现场景区的特色美景。

在旅游过程中，游客可以通过语音讲解轻松了解景区和景点的文化、历史和事件，丰富对景区和景点的了解。语音讲解打破了传统由导游在现场讲解内容的形式，让游客在旅游过程中有更高的自由度，可以根据自己的行程和兴趣自行规划和选择。

目前，国内的大多数景区和景点都结合其文化特色、历史故事、典故传说等内容，录制了数字化的语音讲解内容。随着物联网、5G、定位与导航、云计算、人工智能等技术在旅游场景中的应用，数字化的语音讲解应用在游客的游览过程中，还能根据游客的旅游位置进行精准的信息投送，按照游客的兴趣、爱好推荐旅游路线，根据沿途和定点的讲解信号向游客讲解相关的内容，为游客提供更好的旅行服务和游览体验。

第4章

数字技术在文化与旅游产业中的应用

4.1 宽带网络与物联网技术在文化与旅游产业中的应用

宽带网络是文化与旅游产业数字化发展中的重要基础设施，宽带网络的建设和应用为文化与旅游产业步入网络化发展阶段注入了新的活力，促使文化与旅游产业的生产方式、消费模式、产品形态、服务内容等发生了深刻的变化。新兴技术的发展及其在文化与旅游产业中的应用对宽带网络的保障和支撑能力提出了新的要求，宽带网络的技术和应用水平已成为衡量公共基础设施建设水平的重要指标之一。

2013 年 8 月，国务院印发《“宽带中国”战略及实施方案》，从国家战略发展的层面对宽带网络的地位、发展目标、技术路线、时间计划、重点任务、政策措施等进行了详细的部署。之后，政府部门相关报告和文件中将“提速降费”列为我国宽带网络发展的一项重要举措，并提出网络建设和运营要逐步向千兆宽带过渡，促使千兆宽带应用业务的增长和使用普及。

2021 年 12 月，中央网络安全和信息化委员会印发《“十四五”国家信息化规划》，提出“十四五”期间要加快建设数字中国，大力发展数字经济，把建设泛在智联的数字基础设施体系作为重要任务，要求在有条件的城市开展千兆城市网络建设和示范试点，到 2025 年，1000Mbit/s 及以上的光纤接入用户应达到 6000 万户。

2021 年 3 月，工业和信息化部发布了《“双千兆”网络协同发展行动计划（2021—2023 年）》，提出要不断丰富“双千兆”应用的类型和场景，聚焦重点行业打造典型应用示范，探索提供端对端可定制的网络性能保障。随着千兆网络的发展，将 AR/VR、超高清视频等大带宽应用进一步融入人们的生产和生活中。

在国家政策的指导和主管部门的推动下，我国的千兆网络发展取得了显著的成效，千兆网络已被广泛地应用于远程办公、在线教育、远程医疗、人员管理等场景，为社会生产生活的有序进行提供了重要支撑。

千兆网络的发展为文化与旅游产业的数字化发展提供了新的契机。千兆网络的响应速度、接口带宽、吞吐量，以及设备的可靠性、安全性等，较以往的宽带网络都有了较大的提升。因此，基于千兆网络开展文化与旅游产业数字化、信息化系统平台的建设和业务应用，能够在文化与旅游场景的打造与文化内涵的丰富、文化与旅游行业数智化应用水平的改良与提高，以及文化与旅游产业的转型与升级等方面发挥重要作用。千兆网络直接服务用户终端示意如图 4-1 所示。

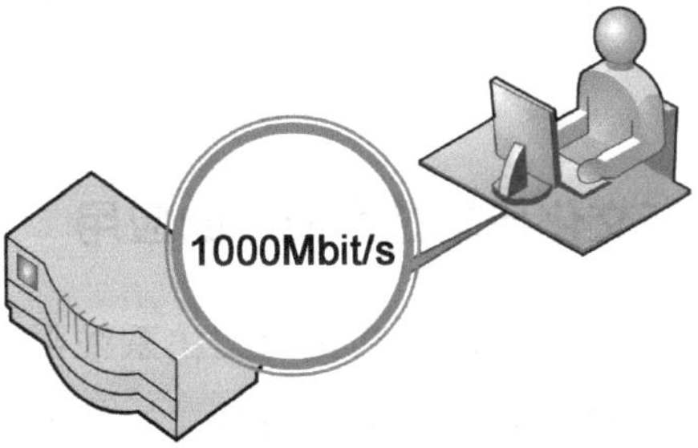

图4-1 千兆网络直接服务用户终端示意

作为新一代信息技术的重要组成部分，物联网是在互联网基础上形成的物体间信息交互与通信的一种方式。通过物联网，万物之间形成了泛在的物理连接，并与互联网一起实现了任何时间、任何地点人、机、物间的互联互通。

物联网技术为物体的智能化管理和控制提供了新的技术手段，通过将传感器嵌入设备或者装置中，并将其与现有的互联网相互衔接，使得区域或广域范围内的物体可以方便地进行信息传输，从而实现识别、定位、监管等功能。通过采用物联网技术，可以实时监测各种场景和过程中设备的状态。同时，对采集的各种信息进行分析和处理，能够有效提高生产效率和产品质量。另外，对物联网提供的各种数据进行整合、挖掘与分析，也能够为形成精准化、个性化、智慧型的应用提供帮助。

自 2009 年 8 月，我国提出“感知中国”的概念后，物联网被正式列为国家五大新兴战略性产业之一。2016 年 12 月国务院印发的《“十三五”国家信息化规划》和 2017 年国务院政府工作报告中均指出，要推进物联网设施的规划布局和应用，用新技术和新业态推动产业生产和管理模式的变革。当前，我国已在无锡、重庆、杭州、福建等地形成了物联网产业基地，物联网技术在运输、物流、工业制造、穿戴装备等方面逐步得到广泛应用。

物联网技术涉及传感器技术、通信技术、嵌入式系统技术等。其中，传感器技术用于实现物的感知，将传感器获取的模拟信号转换为数字信号；通信技术用于实现本物体与外部物体的信息联系，有蓝牙通信、近距离无线通信技术、射频识别技术、ZigBee 通信、Wi-Fi 通信，以及 4G、5G、以太网通信等多种方式；嵌入式系统技术是集成电路、电子应用、软件程序等的综合体，通常以智能终端、智能装置的形式作为应用型产品被使用。

4.1.1 宽带网络在文化与旅游产业中的应用

在文化产业数字化发展过程中，信息化的文化系统平台是对外提供各种文化服务的重要窗口，向市民提供信息查询、教育培训、活动宣传、节目观看等服务。其中，文化服务的提供者是内容的发送者，人民群众作为被服务对象，是内容的接收者，网络基础设施作用于内容发送者和内容接收者之间，起着桥梁的作用。

宽带网络，尤其是千兆网络在文化产业领域办公和运营管理中的应用，可以使日常办公和运营管理变得更加方便和快捷。文件的上传和下载具有更快的响应速度，通过浏览器能够快速地对文化系统平台的信息进行查询、浏览，以及上传和下载图片、视频信息等。同时，千兆网络还能够让基于云端的共享文档被快速地加载和响应，从而使不同地点的人员能够便利地实现远程协同。此外，在文化产业的日常运营管理过程中，千兆网络的应用也使得现场设备的实时情况能够被迅速、及时地传送到运营管理中心，运营管理人员在收到相关信息后能够快速地反应，及时处置出现的故障和问题，从而使文化场馆的设备、装置始终处于良好的运行状态。

随着图像数字化处理、视频数字编码与压缩技术的不断进步，高分辨率的视频采集设备已成为当下视频摄制的主流设备。采用高分辨率的视频采集设备拍摄的视频，画质更加细腻、清晰和逼真，使观众有更好的观看感受。因此，在制作文化节目、文艺表演内容时，为了提升节目的播出效果，往往使用高清摄像机拍摄和录制节目。

但是，随着4K、8K高清视频节目的不断增多，使用百兆网络播放节目视频时，往往会出现时延高、卡顿多等现象，严重地影响了观赏体验和播放效果。而千兆网络具有1000Mbit/s的下行传输速率，具有比百兆网络更强的带宽优势，无论用其播放4K还是8K高清视频，都能够轻松地实现无损传送、流畅播放，可以较好地满足视频资源的远程传送需求。

通过文化教育和艺术培训提高人民群众的知识水平和艺术素养是文化产业发展中的一项重要任务，现代化网络技术手段的应用使得教育和培训不再拘泥于面对面、定时间、定地点的传统形式。千兆网络为远程实时在线的视频、文件、图片、文字、语音传输提供了基础保障，大带宽、低时延、高品质的服务能力使分散在各地的学员都能够获得良好的学习体验。学员可以在任何有网络的地方上课，在线上与授课老师交流，并与其他同学共同参与课堂讨论，轻松、便捷地拓展知识、学习技能。

作为当下最热门的技术之一，VR在各个行业中的应用给人们带来了全新的、身临其境般的感受，越来越受到人们的关注和喜爱。越来越多的博物馆、美术馆开始推出线上VR之旅，观众通过VR设备可以轻松地欣赏到高分辨率、高清晰度的美术作品和历史文物。千兆网络为VR影像提供了高速的信息传输通道，使美术馆、博物馆的信息能够及时抵达用户端，并得以快速地处理，从而形成逼真、流畅的观赏画面。同时，观众在VR设备端的操作也能够通过宽带网络被迅速地传递到服务端，并及时得到响应，使观众拥有沉浸式的应用体验。

数字化、智能化的基础信息系统在景区的正常运行和便捷管理中发挥了重要的作用，例如售检票系统、广播系统、监控系统等，为游客提供了各项便捷的服务。宽带网络作为系统设备间、系统与系统间的信息传输通道，为各种信息的及时沟通和交互提供了基础支撑。文化与旅游产业中的基础信息系统组成如图4-2所示。

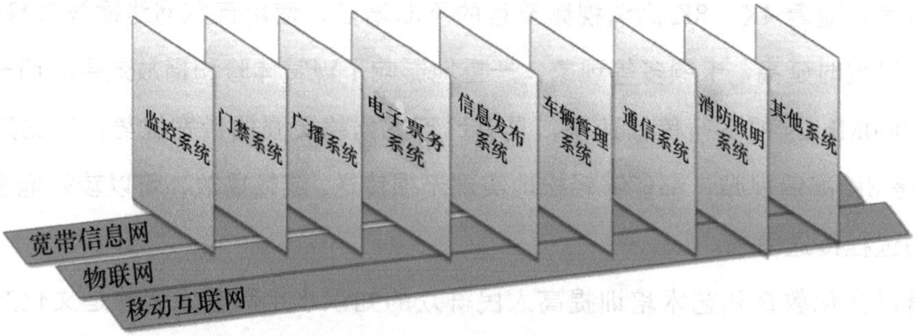

图4-2　文化与旅游产业中的基础信息系统组成

宽带网络传输的信息包括文本、图片、文件、音频、视频等各种类型。其中，视频信息传输所需要的网络流量最为庞大。

节假日期间，景区的游客、车辆数量众多，这对游客的旅行安全和游览体验都产生了影响。为了能够有效地管理游客和车辆，并为游客提供舒适的休闲娱乐环境，旅游景区通常安装了较多数量的摄像头，以实现对关键路段、关键场所、关键区域的无盲区覆盖。另外，随着数字化图像处理技术的发展，视频监控摄像设备在图像分辨率、处理能力、网络性能等方面都有了大幅提升。景区出入口处的监控摄像头如图 4-3 所示。

图4-3　景区出入口处的监控摄像头

摄像头数量的增多和设备性能的提高对宽带网络传输视频的能力提出了较高的

要求，千兆网络在旅游景区基础设施建设中的应用可以较好地满足各种设备、各种系统间信息传递的需求，为实现现场监控和安全管理、提高旅游景区的服务能力和服务质量提供有力的保障。

当前，现代化信息技术、软件技术在旅游产业的应用极大地方便了游客通过移动终端或者计算机获得相关的旅游资源和信息，能够提前了解景区的情况，对出行线路做出合理的规划与设计，并且足不出户便可以提前购买门票、预订酒店等。官方和非官方建设的旅游信息化服务平台为游客出行提供了各种便捷的服务，游客在旅行前或者旅行过程中，只需要在旅游信息化服务平台进行操作，便可以便捷地满足吃、住、行、游、购、娱等各种需求，大幅提升了游客的旅行体验。

另外，为了加强对景区的管理，提高旅游管理的质量，通过采集与分析大量游客数据，全面地了解游客的特征和喜好，更加有针对性地向游客推荐更具特色的旅游产品和服务，各地陆续开展了智慧旅游信息化平台的建设。宽带网络助力旅游信息化服务平台对景区每日的客流、车流、酒店住宿情况进行全面准确的实时监测，进而为实现科学决策和有效管理奠定了良好的基础。

云计算技术的发展和应用使得网络直播越来越普遍。借助网络直播，景区、景点的信息资源可以实时传递给游客，无论游客在哪里，都可以饱览祖国各地的大好河山、美景特色，并能够与主播进行互动。在网络云直播的过程中，清晰的美景、美食画面满足了观众的欣赏欲，而清晰画面的呈现离不开高速的传送网络。通过千兆网络，可将清晰流畅的现场直播画面传送给观众，即使用户数量急剧增加，也不会出现网络拥堵和掉线的情况。

作为“互联网 + 旅游”形态的一种，VR 旅游是将 VR 技术与旅游融合的一种全景式的数字化旅游模式。采用 VR 技术将景区内的景点以三维立体的形式真实地展现在观众的眼前，观众通过使用 VR 设备，能够在虚拟世界里“身临其境”地观赏旅游景区的风景。

VR 技术带来的高清沉浸式的旅游体验离不开大带宽、低时延的网络。千兆网络可以将 VR 视频部署在云平台，同时构建设备端与云平台的网络连接，使得观众看到无损、清晰、流畅的景色画面，沉浸式体验 VR 技术为旅游带来的别样乐趣。

4.1.2　物联网技术在文化与旅游产业中的应用

物联网技术的应用促使文化与旅游产业的生态、运行管理方式发生重大的改变。

在图书馆领域，由于图书馆书目、文献资源众多，保证大量馆藏资源秩序井然、条目清晰、随时可用是一项艰巨而复杂的任务，而通过应用物联网技术，图书馆的图书管理工作将变得更加轻松和方便。

通过采用 RFID 技术，在图书、文献的一些关键部位安装 RFID 电子标签，在图书馆的信息管理中心应用信息化的数据采集与管理系统，同时，利用 RFID 信息读取设备将图书、文献的信息录入信息管理中心，便可轻松实现对全馆图书、文献信息的统揽。此外，还可以在书架上安装 RFID 信息读取设备，可以读取每本图书和文献的 RFID 电子标签，对图书馆馆藏图书及文献的位置、数量进行定位和清点，并实时监控书架上图书的借阅状态。

图书馆信息管理中心使得读者可以轻松地查询图书、文献的位置及借阅状态，当图书在架时快速确定位置并完成借阅。图书馆的工作人员通过图书馆信息管理中心也能够快速地了解错放书目的信息，并将其放置在正确架位。

另外，当图书被带出图书馆大门时，安装在门禁位置的 RFID 扫码设备会自动感知书目的借阅手续完成状态。当被带离的书目没有办理借阅手续时自动进行告警提示，防止未办理借阅手续的书目、文献被带离图书馆。

在美术馆、博物馆中的艺术作品和文物的保存过程中，温度、湿度和光照强度对物品的保存有很大的影响，例如，艺术作品和文物长时间暴露在潮湿、高温、阳光和荧光灯下，可能会导致霉变、收缩、翘曲、褪色、变色甚至腐烂。通过采用物联网技术监测艺术品和文物存放的环境，实时收集展示架内、展示房间内，以及仓库内的温度、湿度、光照等数据并进行对比、分析、反馈和调节，能够使艺术品和文物的保存情况得到有效改善。可以将具有无线通信功能的感知传感装置放置于橱窗或者室内合适的位置，感知传感装置采集的温度、湿度和光照数据将被实时地传送到环境控制信息管理系统，同时，房间内的空调、灯光等设备也被接入环境控制信息管理系统。另外，在环境控制信息管理系统内部，预先设置适合艺术品和文物保存的环境参数，当系统工作时，系统将自动对感知传感装置采集的信息与系统预设的数据进行比较，当二者之间的偏差超过阈值时，自动对空调、灯光进行调节，从而使艺术品和文物周围的环境始终处于适宜的状态。

此外，艺术品和文物的完整性和安全性至关重要，安全管理一直以来都是美术馆、博物馆运营管理工作中的重要事项。通过采用物联网技术，在美术馆、博物馆建设全面高效的物联网安防系统，能够实时地对馆内物体的状态、人的行为进行有效的监控和管理，构建起一道守护艺术品、文物安全的坚实“保护墙”。可以采用物联网技术，在放置艺术品、文物的重要区域安装入侵告警设备，构建虚拟的电子围栏，并在安防综合管理系统上将电子围栏设置为设防状态。当系统工作时，任何人员在电子围栏上的攀越行为都会引发安防管理中心的自动告警，以便安防管理人员及时查看并处置。也可以在存放艺术品、文物的房间、仓库的门窗位置安装红外或者视频检测与告警装置，实时对目标区域进行扫描，当采集的信息与后台比对信息不符时，自动发出告警。还可以在陈列柜的门、窗上安装物联网传感器，当柜门被打开时，系统自动告警并立即通知安全管理人员，并且不会被盗窃者发现。另外，在艺术品、文物的内部和周围，通过安装移动或振动传感器，在物品被移动或触摸时，向安防管理中心发出告警的同时，能够自动关联附近的摄像头对准物品所在的位置，使现场的状况能够第一时间被安全管理人员知晓。

在游客进入景区旅游时，购票、售票、检票的过程主要依靠电子票务系统实现。电子票务系统通常由电子门票（例如条形码、二维码、二代身份证、公园年卡等）、识别器（例如条形码或者二维码读写器、二代身份证或者公园年卡阅读器、人脸识别装置等）、现场控制器、集中控制器和票务信息管理系统等部分组成。其中，电子门票的条形码、二维码、公园年卡内置芯片承载了游客的个人信息，识别器通过采用 RFID 技术实现对条形码、二维码、公园年卡内置芯片信息的读取，相关信息通过网络被传送到票务信息管理系统，并与内部存储的购票信息比较，当核验通过后，向闸机发送通道门开启指令，闸机接收到该指令后执行开门操作，游客便可进入景区。文旅景区电子票务系统的检票闸机如图 4-4 所示。游客可以在售票机上自助购买含有条形码或者二维码的门票，游客入园时，只需要在检票机上扫描纸质票或者电子票上的条形码或者二维码，便可以自动开启检票机闸机，顺利入园。游客也可以在售票网站或手机 App 上录入入园信息，并在网络上完成票务款项支付，入园时则只需要进行身份证核验或者人脸识别扫描，便可顺利入园。

此外，也可以将电子票务系统与景区安防告警系统、应急管理系统、停车场管理系统等相连接，配合联动。当游客完成购票或者离场时，停车场管理系统能够自动识别车牌并抬放栏杆，当危险情况或者应急情况发生时，闸机通道门可自动开启并协助疏散，各个系统间协同配合，为游客提供最优质的服务。

图4-4　文旅景区电子票务系统的检票闸机

节假日期间，一些景区出现游览人数激增的情况，对景区内的游客造成了潜在的人身安全隐患。通过采用物联网技术，可以对景区的客流情况进行实时在线监测，当景区的游客承载能力超过限额时，及时发布预警和安全提示，采取限流措施，调节进入景区的人员数量，从而保障游客的生命和财产安全，也对提升游客的游览体验起到重要作用。

目前，基于物联网的客流统计技术有红外感应探测技术、视频识别技术、热成像技术、Wi-Fi 探针技术等，下面分别对其进行简述。

红外线感应探测技术是利用红外线发送和接收时，每当有人员穿过射线就会引起电阻变化，以此来判定是否有人员通过的一项技术。在应用该项技术时，为了确保多人同时通过时测定数据的准确性，通常采用安装两排并列的对射红外线传感器的方式来测试变化。同时，红外线传感器内部还安装有无线通信模块，使得装置采集到的客流数据可以通过无线网络实时被发送至景区的综合信息管理系统。

视频识别技术是通过在景区的出入口安装高清摄像头的方式对客流进行统计。摄像头采用视觉处理技术和深度学习算法，可以对进入此区域的人员快速地进行人脸识别，从而实现对人员信息的提取，以及对客流数据的实时统计。但视频识别技术的弊端在于，设备在进行识别的过程中可能会受光线或者其他障碍物的干扰而导致数据存在偏差。视频识别技术应用于人脸识别与客流统计如图 4-5 所示。

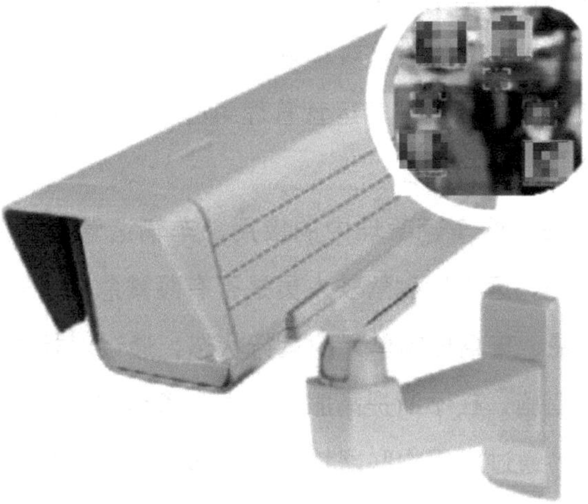

图4-5 视频识别技术应用于人脸识别与客流统计

热成像技术是通过感应探测物体与背景物体的温度差异，对形成温度差异的区域进行人体目标判别的技术。热成像技术在夜间人体体温与外界温度存在较大差异时具有较好的应用效果。

Wi-Fi 探针技术是基于 Wi-Fi 信号扫描路由器对移动终端进行扫描从而进行移动终端数量统计的一种方式。因此，采用这种方式对游客数量进行统计，需要游客携带移动终端，并且打开 Wi-Fi 连接功能，才能被统计在内，因而具有一定的局限性。

当游客在景区游览时，景区观光大巴通常是必不可少的交通工具。一方面，乘坐景区观光大巴可以节省游客游览过程中的体力消耗，让游客在轻松的身心状态下观赏沿途的风景并享受游玩的乐趣；另一方面，景区道路崎岖、人车混杂，增加了发生交通事故的风险。通过采用物联网的技术手段对景区观光大巴的运行状态、行进路线、当前位置、抵达时间进行全方位的监控，能够实时地掌握景区观光大巴的车况状态，了解景区观光大巴在行驶过程中的实时位置，并及时制止行驶过程中的不规范行为。

景区观光大巴车辆内安装的物联网设备实现了对车辆信息的全方位记录与监测。车载诊断设备可以实时监测车辆的运行状态；车载视频装置实时记录车辆的行驶情况和车载人员的信息；车载定位传感器对车辆当前位置进行实时定位；车载无线通信单元将上述信息实时传送至景区的车辆运营管理中心；车辆运营管理中心根据收集的信息实现对车辆的监控、管理和调度。

基于物联网技术在景区车辆管理中的应用，车辆运营管理人员能够实时地了解车辆的位置和运行轨迹，远程监测驾驶人员是否有频繁急刹、急转弯等行为，及时掌握车辆油耗、剩余油量、车辆控制单元的运行状态，通过对相关信息的采集和综合分析，采取相应的管理措施，在不断提高服务能力和管理水平的同时，避免发生事故。

在旅游住宿方面，通过应用物联网技术，能够为游客提供更具特色、定制化、个性化的服务，提升住宿服务和酒店管理水平。

通过采用物联网技术，房客可以使用手机 App 预订酒店，到店后自动上传个人信息办理入住手续，进入房间前提前设置房间内的温度、湿度，以及窗帘的开启或者关闭状态，自动打开喜欢的电视节目。房间门口安装人脸识别装置，当房客靠近时会自动开启房门让房客进入房间。

房客可以按照时间段对房间内部的环境进行设置，房间物联管理系统根据客人的设置，可自动调节室内的温度和湿度。房客还可以通过手机App自助点餐，机器人自动将下单的餐食送到房客房间。酒店房间内的灯具、窗帘、空调、电视等都可以接入酒店的房间物联管理系统，并实现自动化的控制，房客仅需说出自己的需求，语音识别与控制装置便会根据房客的指示自动对灯具、窗帘、空调、电视等进行操作。

物联网技术在酒店的应用还能够助力提升酒店的运营管理效率，降低日常使用过程中能源的消耗。自动灯光控制系统可以根据时间和公共区域内人员的活动轨迹，自动对灯光的亮度和开关状态进行调整和控制，酒店的电力、供水、消防系统对管道的压力、电压、电流、运行状态等信息进行实时采集和监控，当发生故障或安全隐患时，可做到提前预警，通知运维管理人员前往处治，尽早消除事故隐患。

饮食安全是游客在旅游过程中十分关注的问题。将物联网技术应用于食品安全和溯源管理，建设覆盖食品原料供给、生产加工、存储运输、批发零售等环节的物联监管网络，能够为饮食安全和食品溯源提供强有力的技术手段。

通过采用物联网和区块链技术，构建应用于食品安全的链上管理系统，游客在购买食品时，只需要扫描食品包装上粘贴的二维码标签，就可以方便地了解农产品的种植地、食品加工时间、生产商、仓储运输、检疫结果等信息。当食品安全问题发生时，能够快速定位出现问题的环节，采取措施防止问题食品的继续流转和快速扩散。

游客抵达目的地后，如何在景区附近快速地找到停车场地，游玩结束后如何快速缴费离场，一直都是采取自驾方式出行的游客的困扰。通过采用物联网技术，景区实时发布周边的停车资源信息，游客在导航系统的指引下顺利抵达停车场地，景区通过智慧停车管理系统实现车辆的自动入场、自动离场，为游客的驾驶和停车提供极大的帮助。

利用智慧停车管理系统，游客可以在手机App上实时查询景区周边的停车场地和车位剩余情况，选择好停车场地后根据导航规划路线顺利驶向目的地。车辆到达停车场地后，安装在停车场地入口处的车牌自动识别装置对进入的车辆进行信息识别，抬起栏杆放车辆进场并开始计时。停车场地内部的高清摄像头实时对停车场地内部停放的车辆进行安全监控，记录已占用和剩余的车位信息。当游客游览结束需要驶离时，只需要登录手机App进行车辆信息与账户信息的绑定，车辆驶出停车场地时便会自动完成停车缴费扣款，再次抬起栏杆放车辆出场。同时，智慧停车管理系统会将本次停车时间和扣费信息发送给游客，游客可以在移动终端上随时查看本次停车的详细情况。

基于物联网技术的智慧停车管理系统在旅游景区的使用，使得景区周边的车位资源得到充分的利用，大幅降低了车位的闲置率，提高了车位的周转效率和景区的停车管理水平，并使游客自驾游的停车体验得到较大的改善。

4.2 云计算与边缘计算技术在文化与旅游产业中的应用

云计算是与信息技术、软件、互联网相关的一种服务，它通过虚拟化的计算资源共享池，也就是“云”，将许多计算机资源协调在一起，以网络的方式向用户提供无限的、动态可伸缩的、不受时间和空间限制的计算与服务。云计算是信息资源共享的新模式，它拓展了信息资源共享的领域，使资源共享的内涵、特征、形态发生了根本性的变化，被认为是互联网发展历程中的第三次革命。

在云计算模式下，基础设施、平台、软件都可以作为资源对外提供服务，分别被称为基础设施即服务（IaaS）、平台即服务（PaaS）和软件即服务（SaaS）。IaaS是通过虚拟化、动态化的方式将IT基础资源（例如服务器、网络、存储、操作系统等）聚合形成资源池，以基础设施的形式对外提供服务；PaaS是为开发人员提供的基于互联网构建的应用程序开发服务平台，以应用代码、软件开发包（SDK）、应用程序接口（API）等IT组件为产品，向开发者提供软件或硬件的功能嵌入模块；SaaS向用户提供基于互联网的应用程序服务，用户可以通过互联网直接访问这些应用程序，享受“拿来即用”式的软件服务。

云计算以互联网为基础，采用分布式计算、并行计算、负载均衡、网络存储、虚拟化等技术，具有高度灵活、动态扩展、随时接入、性价比高等优点。

云计算通过采用虚拟化技术，突破了时间和空间的界限，将互联网上的资源作为云计算基础设施的一部分纳入资源池，在云操作系统的统一调度下对外提供服务。云计算为用户提供了泛在的接入和访问方式，用户可以在任何有网络的地方通过计算机终端或者移动终端享受云端的服务，而不受时间和地域的限制。

在云计算模式下，资源池中的物理资源可根据需要增加或减少，且物理资源的增加和减少不影响其他功能的正常使用，即便是在部分设备故障的情况下，也可以通过资源调度将部分任务分配到其他物理设备上继续完成。在云计算物理资源被统一调度和管理的模式下，用户不再需要自行购买完整的物理设备。同时，用户只有在使用物理资源的过程中才会被分配资源，这种弹性分配机制使得用户需要支付的费用大幅减少，具有较高的性价比。云计算与边缘计算的逻辑关系示意如图 4-6 所示。

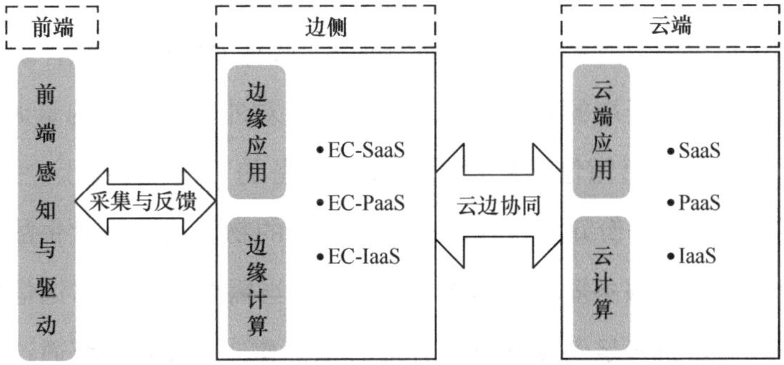

图4-6　云计算与边缘计算的逻辑关系示意

与云计算相对应的另外一种计算方式是边缘计算，边缘计算是在云端和终端用户之间，在靠近终端用户侧对数据进行存储、计算和处理的模式。相较于云计算，边缘计算的信息处理在地理位置上更靠近终端用户端，因此，数据的处理能够在边缘节点完成后快速地反馈给用户，让用户获得更快速、更敏捷的感知和应用体验，常被应用于实时性要求高、响应周期短的数据处理场景。

云计算和边缘计算的数据处理方式能够优势互补，将二者进行结合并在文化与旅游产业中予以应用，能够加快文化与旅游产业数字化发展，促进文化与旅游产业数字经济转型与升级，并提供强大的平台支撑。

4.2.1 云计算与边缘计算技术在文化产业中的应用

在图书馆建设过程中，传统的图书馆信息系统需要服务器、存储器、交换机、防火墙、不间断电源等设备，项目建设需要较大的费用开支。同时，随着用户数量的不断增加、图书信息资源的不断增多，以及软硬件产品的不断发展，在升级和完善图书馆信息系统的过程中，也需要持续不断地进行资金和人员的投入。因此，无论是图书馆信息系统的初步建设，还是后续的设备运行维护，都需要耗费相关人员大量的时间和精力，因此，图书馆信息系统在建成使用后，若未及时进行维护，其服务效能可能逐步下降。

建设采用基于云架构的图书馆信息系统时，信息系统的物理设施由专业的云服务商提供并负责维护，图书馆信息系统的技术人员可以有更多的时间和精力用于系统软件功能的完善和用户应用体验的优化。而图书馆信息系统的软件功能在开发完成后，只需要将其部署在云端的硬件平台上，便可以对外提供统一的资源和访问服务。

采用云架构使得图书馆信息管理系统硬件设备的可靠性和稳定性有了更进一步的保证。例如，通过热备份冗余技术，当一台云端的物理服务器发生故障时，其他服务器能够迅速接替故障服务器继续对外提供服务；当需要扩充图书馆信息时，云端庞大的存储空间能够随时满足海量数据对存储容量的需求；云服务商通过统一、高等级的防护设施保障图书馆信息系统免受病毒的攻击；用户可以在不同的终端设备上快速访问图书馆信息，实现数据与应用的上传、下载和共享，无须担心因访问用户增加而出现系统故障。

长期以来，资金缺乏、人才不足、技术不到位等是文化馆数字化、信息化建设过程中一直存在的问题，文化馆信息化基础设施的薄弱导致文化馆的对外服务能力相对较弱。同时，随着文化馆节目的拍摄和制作逐步向数字化转变，大量的数字化内容需要巨量的数字化存储媒介。

而云计算的模式为文化馆信息化平台的建设和数据存储解决了后顾之忧。采用云计算的模式，将文化馆的信息化基础设施部署在云端，相关设施的日常运行和维护由专业的云服务商团队负责，文化馆管理人员只需基于文化馆信息化平台使用即可。

云计算模式的文化馆信息化平台也为相关内容的存储提供了良好的条件，文化馆管理人员只需将相关的资源上传到云端，云端的动态存储管理机制会根据上传内容的使用情况动态分配容量，让使用者只需根据实际使用情况付费即可。

通过建设基于云计算的文化馆信息化平台，海量的文化艺术内容可以被“搬”到云端，在丰富公共文化内容资源的同时，也向群众提供了随时随地的服务，为群众接收文化馆信息内容提供了便利的渠道和沟通方式。首先，文化馆管理人员可以将相关的文件、告示、文艺演出、培训视频、宣传资料等信息上传到云端的服务器，群众可在线随时随地查看、浏览、下载文化馆发布的信息。其次，可以在文化馆信息化平台上设置栏目互动，群众在查看文化馆信息和欣赏节目时能够发表看法和进行评价。这种互动方式不仅提高了群众参与活动的积极性，也使文化馆在与群众的良好互动中不断提高其服务水平。此外，在文化馆日常运行的过程中，将开展的各种各样的表演、展览、竞赛、讲座等活动通过摄录、拍照上传到文化馆信息化平台，使用户不必亲临现场也能观看现场的活动。

数字技术在我国美术馆、博物馆的应用经历了长期的发展阶段，目前已实现了参观预订、门票购买、公告信息查询等功能。但整体来看，美术馆、博物馆的网上应用仍以服务线下为主，例如对外宣传、辅助实体展出、对相关活动的数字档案留存等。

2021 年，国务院、文化和旅游部发布了数字经济和文化与旅游发展的相关规划文件，指出要推动美术馆、博物馆数字化建设，发展云展览和线上数字化体验产品，提高藏品的展示和利用水平。在国家相关政策的引导下，美术馆、博物馆云展览、云服务的发展和应用水平不断提高。

通过应用数字技术，美术馆、博物馆的美术作品、历史文物可以以高清的图片、视频、3D 动态影像的形式被存储、传递和展现。云计算技术的应用使得数字化的美术作品、历史文物被“搬”到云端，无须担心美术作品和历史文物的损坏与老化，游客可以在任何时间、任意地点接入网络，进行欣赏和参观。通过登录虚拟美术馆、虚拟博物馆，游客可以详细地查看美术作品和历史文物背后的故事，通过高倍放大、旋转等操作，清晰地端详美术作品和历史文物的每一处细节。

基于云架构的美术馆、博物馆展览形式也为虚拟美术馆、虚拟博物馆的开发应用提供了基础。通过采用Web 3D展示技术、Web GL引擎渲染技术、3D云计算技术，可以建造虚拟美术馆、虚拟博物馆，用户只需要登录计算机或者移动终端设备，就可以在美术馆或博物馆的各个通道、展厅、房间内自由行走、驻足参观。游客可以停留某处，观赏挂在墙上的美术画作，也可以在基于云上的虚拟空间感受新颖有趣的体验。

另外，云计算技术的快速发展和应用促进了游戏、电子竞技的迅猛发展。近年来，云游戏已逐渐演变成为文化产业数字化发展的重要部分。

随着用户对游戏画面质感、分辨率、色彩度，以及游戏内容丰富度要求的不断提高，游戏软件变得越来越复杂，功能也越来越强大。同时，随着参与游戏的用户数量不断增长，一些游戏软件因云端画面处理量和计算承载量急速增长，用户端逐渐出现了时延、卡顿、马赛克等现象。

边缘技术为提升用户的游戏体验提供了技术支持。以云端游戏为中心进行边缘节点部署，将部分游戏资源、视频流编解码、图像渲染等任务分配到边缘节点，通过云端的资源调度机制进行云端和边端的协同管理，能够解决上述问题，降低云端的计算负载，减少云端和用户端的数据传输，使用户获得低时延、响应迅速、无卡顿的游戏体验。

4.2.2 云计算与边缘计算技术在旅游产业中的应用

云计算的基础设施为旅游产业的信息化应用提供了广域可访问的服务。在云计算架构模式下，旅游信息化平台的建设需要关注软件平台具有的功能和对外提供的服务，而无须担心系统平台计算能力或者数据存储能力不足，以及系统建设后用户访问时可能发生的拥塞和数据安全问题。

云架构部署的旅游信息化平台可以在食、住、行、游、购、娱等各个环节全方位地对外提供服务。用户可以通过计算机终端或者移动设备登录云平台，随时随地地进行旅游信息的查询、浏览、下载，在线进行旅游景区门票的购买、酒店房间的预订，以及地域特色商品的购买。

基于云计算的旅游信息化平台为景区、商家、游客，以及政府监督管理部门提供了统一、全面的信息共享基础平台。旅游景区、旅游商家、政府监督管理部门可以基于自身权限在旅游信息化平台上进行景区信息、公告信息、餐饮信息、住宿信息、交通信息、宣传信息等的发布，当用户需要查询信息时，可以通过移动终端随时随地登录查看。

旅游信息化平台与电子票务系统、第三方住宿管理系统对接，游客可以通过旅游信息化平台实现景区门票的在线预约和购买，住宿酒店的选择、预订与支付。游客可以通过手机 App 或者网站登录云端的旅游信息化平台，浏览景区的票务信息、在售情况、优惠政策，在线进行门票的购买和电子支付。

基于云计算架构的旅游信息化平台为商家的商品提供了销售渠道。商家可以基于旅游信息化平台将旅游景区具有鲜明地域特色的食品、物品以图片、视频、文字等形式进行信息发布和介绍，游客通过登录云平台或者接收云平台推送的方式，能够方便地了解旅游地的特色产品、美食佳肴，知晓壮丽景色和历史遗迹背后蕴藏的文化故事。同时，借助旅游信息化平台对游客的信息采集，以及对采集信息的大数据分析，商家还可以定向地向游客开展各种销售推广活动，通过推广促进旅游景区当地经济的发展。

在游客的旅行过程中，讲解对游客更好地了解景区景点、美术作品、历史文物、建筑特色等具有积极的促进作用。当前，旅行过程中传统的一种讲解方式是导游人工讲解，这种方式需要游客与导游的行进路线完全同步，缺乏游览过程中的自由度。同时，不同导游的解说能力和知识水平也存在差异，尤其是当游客较多时，导游可能在维护秩序上分散精力，使得讲解效果大打折扣。

另一种方式是租用电子讲解设备，游客租借并佩戴电子讲解设备后，当其行至景点内某个区域时，该区域预装的 RFID 发射设备能够自动感知该电子讲解设备，自动触发语音讲解。电子讲解设备使得游客可以根据个人的游览兴趣自由地安排行进路线。但是，游客游览过程中接收到的解说信息是存储在电子讲解设备上的语音类信息，内容一成不变，效果不佳。而且两个景点距离较近时，设备容易受到不同区域信号的干扰，影响播放效果。另外，电子讲解设备往往体积较大，使用时操作烦琐。因此，游客的使用意愿并不强烈。

采用云计算、移动定位技术的自助导航导览系统为游客提供了灵活、自由、多维、可互动的游览新方式。系统部署时，可通过管理后台将解说点所要讲解的语音内容、图片信息、文字描述、视频资料等上传到云端的服务器进行存储。同时，将绘制的景区地图底图信息上传到云端，然后在系统软件内部建立地图上点位与解说点播放素材的数据关联，这样便实现了相关讲解信息、地理位置信息在云端的设置与部署。云端存储的语音信息有标准普通话、特色方言、明星语音等，地图样式有平面地图、立体地图、手绘地图等供用户选择。

游客可以扫描景区的二维码下载App，或者登录微信公众号使用自助导航导览系统。游客在游览时，手机将实时向云端报送其当前所在的位置信息，当游客到达某一景点时，自助导航导览系统将自动通过语音、图片、文字或者视频的形式对当前景点进行解说。游客也可以通过导览地图查看景区内部的情况，手动点击某个景点查看关于该景点的解说，并能根据个人的兴趣爱好将某一景点设置为目的地并进行路线规划，按照导航路线前往参观。在游览观赏过程中，游客还可以将感兴趣的地点收录到手机软件的收藏夹中，收藏的地点位置将自动保存在云端，当游客在下次需要再到此处游玩观赏时，打开收藏夹便可以轻松地实现定位，即便是在游客更换移动终端的情况下也不会受到影响。

近年来，视频直播逐渐兴起并日趋火热。当前，视频直播通过与电子商务、教育、医疗等行业深度融合，促使相关行业的发展模式产生了新的变化。云计算为视频直播在旅游产业的应用提供了技术平台，借助云计算构建“旅游＋直播”的“云旅游”业务形态，为旅游产业的发展提供了新型的业态模式。

“云旅游”包括视频拍摄、网络上传、云端处理、视频分发、终端接收等部分。视频既可以由官方拍摄，也可以由旅游博主拍摄；可以采用固定的高空摄像机进行拍摄，也可以采用移动设备随时拍摄。视频通过网络实时发送到云端的系统平台，在接收到现场的实时视频后，云端对接收的视频进行二次包装、加工和处理，用更加全面的形式通过内容分发网络（CDN）进行二次传播，在增强视频内容呈现效果的同时，扩大旅游“云直播”的影响力。

旅游主播在进行视频直播时，可以对景色、遗迹、文物等进行现场解说，讲述旅游景点相关的文化故事，推荐景区旅游的优选线路，与观众进行在线交流、互动，回答线上观众提出的问题。同时，旅游主播还可以在直播过程中介绍旅游景区当地的特色美食，向观众推荐特色商品正规的购买渠道和购买方式，在扩大旅游品牌影响力的同时促进当地旅游经济的发展。

云计算旅游信息平台对游客的旅行前、旅行中、旅行后进行了全面的支撑，为游客的食、住、行、游、购、娱等提供了全方位的服务。云计算旅游信息平台上存储了旅游景区的旅游资源信息、游客的基础信息，以及游客登录平台访问和查询的信息，已成为各种旅游信息的内容集聚地。

基于云计算采集和存储的相关信息，云计算旅游信息平台运用大数据分析技术对相关数据进行筛选、处理和分析，建立不同游客群体的兴趣模型，根据不同游客的兴趣爱好推荐有针对性的服务和内容，为游客提供更加精准的定制化服务。

将数据归集到云端进行统一的处理和分析的云计算旅游信息平台，在提升旅游体验、促进产业发展、便利行政管理等方面发挥了重要的作用，为游客、景区、企业、政府管理部门提供了全新的业务形态。

然而，随着新技术的不断发展和应用，海量的异构数据将不断增加，将全部数据都上传到云端数据中心进行处理与反馈，即全部依赖云端进行数据计算的模式无法满足一些实时性比较强的应用需求，应用端、设备端与云端大量的数据和信息传输也将给网络带宽带来压力。此外，随着多媒体形式的信息逐渐增多，该类信息对系统的存储、分析、管理、转发、处理都会对云端集中处理的方式产生新的挑战。

相较而言，边缘计算的架构模式使用户的数据不需要全部上传到云数据中心，而是通过部署在网络边缘的边缘节点进行快速处理，从而大幅减轻云端系统、网络带宽等方面的压力，同时也可以提高数据处理和反馈的实时性。

以云边协同进行系统构建时，云侧系统平台可作为统一应用服务的入口门户，面向游客提供各种票务服务；根据系统采集的各种数据，面向游客、商家、监管部门提供各项数据服务；通过与第三方地图服务商、汽车租赁服务商、天气预报服务部门等系统平台的统一接入实现导航与导览、车辆租赁、天气预报及查询服务；通过对区域内相关景区全景监控的接入，实现政府级的应急指挥、协调与处置；基于大数据人工智能算法与分析、数据挖掘，为景区的旅游管理智能决策提供数据与能力支撑；作为基于AR、VR、MR等视频流的新技术应用的统一入口，提供各项新兴技术的沉浸式、交互式体验应用等。

边缘侧系统平台的功能主要服务于旅游场所现场级的运营与管理，为现场级使用提供统一入口和服务，包括景区现场票务系统相关的数据支持与服务，以及对游客的现场票务处置与服务；通过对现场各种智能化基础设施与系统的接入，提供现场级的应急指挥、管理与处置措施；基于旅游场所当地的特点、特色，提供以AR、VR、MR等内容为载体的用户生成内容（UGC）等。

利用云计算和边缘计算的技术特点，充分发挥二者的优势，构造新型的旅游信息平台，能够为游客、景区、政府、商家提供更加多维、丰富、精准的服务。云边协同在旅游产业应用的数据流程示意如图4-7所示。

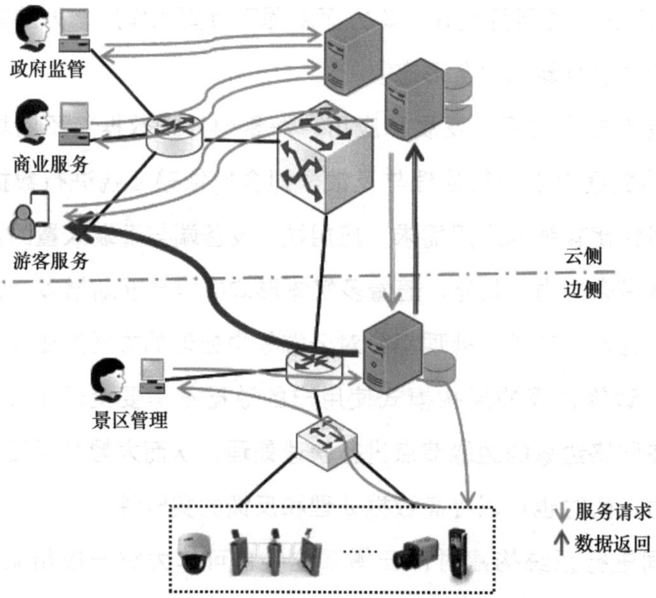

图4-7　云边协同在旅游产业应用的数据流程示意

4.3 大数据与人工智能技术在文化与旅游产业中的应用

在文化与旅游产业的数字化发展过程中，数据量不断积累，对海量数据进行分析、挖掘，发现数据中的规律并加以利用，让数据能够产生价值，支持文化与旅游产业的发展，是数字经济背景下，文化与旅游产业发展需要研究的一项重要任务。

大数据和人工智能是文化与旅游产业数字化发展中两种重要的技术手段。研究的数据规模体量大、数据类型多、数据的获取和分析速度快、数据具有价值，是大数据技术的显著特点。

如果将大数据比喻成原料，那么可以将人工智能比喻成对原料进行加工的机器。人工智能是指通过采用神经网络算法，研究和开发用于模拟、延伸和扩展人的理论和技术，使机器具有极强的计算能力。大数据为人工智能提供了强大的数据基础，促使人工智能快速发展。人工智能基于大数据进行深度学习，通过不断训练实现自我优化，是大数据应用的深化和数据应用价值的提升。

与传统集中式的数据存储方式不同，大数据采用的是分布式的存储系统，海量数据被分散存储在不同的存储节点上，数据存储节点之间通过网络进行连接与通信。

目前，大数据的数据存储节点间多采用主从模式的节点体系架构，在这种体系架构下，主节点主要用于应用的注册、元数据的管理、资源的分配和再分配，从节点主要负责对实际数据的存储和运算，主节点和从节点之间通过信号实现监听和管理。在主从架构模式下，为了保证系统的可靠性和实时可用性，当系统的从节点出现数据错误或者故障时，主节点会采取相应的补救和修复措施，例如自动将出现错误节点的任务转由其他节点来完成，或者通过远程控制对故障节点进行重新启动等。

分布式计算策略的使用，使得海量的数据能够得到高效、及时的处理。处理数据时，大规模的数据集被分割成若干个小块，分散发送到单独的节点服务器上进行处理，分割的小块数据分别经计算得到运算结果。然后，再将这些分散的运算结果进行整合汇总，从而得到最终的运算结果。分布式计算大幅提高了规模性数据的计算效率，降低了数据计算的成本，并提升了数据计算的准确性。

通常来说，大数据处理的流程包括大数据采集、大数据预处理、大数据存储与管理、大数据分析与挖掘、数据结果展现与应用等方面。大数据处理流程示意如图 4-8 所示。

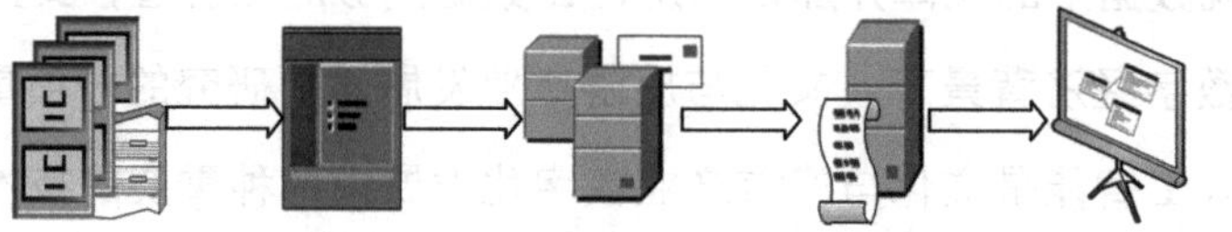

图4-8　大数据处理流程示意

在数字经济时代，大数据的数据来源包括现场感知设备采集的数据、企业或行业信息数据库采集的数据，以及通过网络爬虫或者 API 方式从网站信息中抓取的数据等，采集到的数据类型包括结构化数据、半结构化数据和非结构化数据。

为了保证数据的准确性、完整性和一致性，确保数据的可信、有效和可解释性，通常需要对采集的数据进行预处理，去除采集数据中的低质数据，将杂乱无章的数据转换为相对单一且便于处理的数据，以便后续的分析和快速处理。

数据预处理包括数据清理、数据集成、数据变换与数据规约等方面。数据清理是对采集的数据进行过滤、去噪，得到有效合理的数据；数据集成是将多个数据源中的数据整合并进行统一存储；数据变换是通过平滑、聚集、规范化等措施将数据转换成适用于数据挖掘的形式；数据规约是通过数据方聚焦、数据压缩、数值规约、概念分层等技术实现数据集的规约表示，使数据集规模缩小，但仍能保持原数据的完整性，在进行数据挖掘时可以得到与使用原数据相同或相近的结果。

大数据的存储与管理采用分布式的结构，通过集中管理、分散存储、并行计算等技术手段保证数据得到及时、高效的处理。

大数据分析是指通过统计与分析的方法对大量的数据进行分析，从中提取有用的信息或者形成有用的结论，并加以利用的过程。大数据挖掘则是指通过采用一定的算法，从大量的数据中搜索、提取出隐含在其中的信息和知识的过程。数据挖掘通常采用统计与分析、情报检索、机器学习、专家系统、模式识别等方法进行，通过数据挖掘可以对未来的发展趋势和行为进行预测，为制定决策提供支持。

大数据结果的展现与应用是指通过对大数据的采集、分析和挖掘，将各种数据结果以可视化的形式呈现，以及根据数据采集和处理的结果来进行生产或社会管理，用于解决现实中的各种实际问题。

海量的数据为人工智能技术的发展提供了模型训练基础，通过对大量数据的不断学习，人工智能的智能化水平不断提升。同时，大数据技术对海量数据信息的快速处理能力，也使人工智能模型的训练效率和精确性得到了大幅提高。

人工智能涉及计算机视觉、机器学习、自然语言处理、人机交互等关键技术。其中，计算机视觉是通过对图像数据的读取和采集，将其转换为能够被机器所识别的数据信息的过程，计算机视觉的目的是使机器具备像人一样的视觉观察能力和理解世界的能力。机器学习是指采用建立模型并不断训练的办法，使机器能够根据已知经验指导未知业务，具备自动决策和结论推定的能力。作为机器学习的一个重要分支，深度学习的过程通常包括数据准备、模型选择、模型训练、模型评估、参数调整、模型应用等步骤。自然语言处理是指计算机通过对自然语言的文本进行分析和处理，从而获取自然语言的语义的过程。自然语言处理可以在机器翻译、文本分类、语音识别、字符识别与提取、问题回答等方面开展应用。人机交互指的是人与计算机之间的信息交互过程。目前，人机交互的方式已从手动的人机交互方式向多维的人机交互方式转变，虚拟现实、语音输入、脑机接口都是人机接口发展和应用的新形式。

4.3.1 大数据与人工智能技术在文化产业中的应用

在图书的印刷和发行过程中，传统模式下，图书印刷机构通常按照实体书店书目的实际销售情况和销售趋势来安排和预估图书的后续印刷计划及印刷量，在店图书的待售量和预计销售完毕时间需要与印刷机构的出版发行准备时间完全匹配，才不至于出现图书印刷、发行和销售期间的空档期，使图书的印刷、发行和销售得到有效的衔接。但由于线下实体书店较多，且每个书店的所处区域、所在位置不同，图书的销售数据并非都能够通过信息化的方式得到，因此想要及时了解线下书店的销售情况较为困难。由于不能及时获取有效的市场数据，图书的出版、发行和销售过程中图书断货或者积压的状况时有发生。

互联网和信息化技术在图书出版、发行和销售过程中的应用使图书出版行业发生了深刻的变化。图书的销售不再局限于的实体书店，网上销售已成为图书销售的重要渠道和方式。同时，物联网技术的应用使图书销售数据能够及时被录入系统，线下实体书店和网上书店的销售管理系统为图书的印刷和出版提供了大量真实有效的数据。另外，出版行业的宏观数据、出版企业的内部数据，以及从微博、微信、论坛、书评网站、文学网站、读书频道等平台获取的用户数据也逐渐成为图书出版行业的重要参考依据。

通过对收集的数据进行分析、挖掘并加以利用，能够为图书出版的选题策划、印刷发行、市场营销等提供决策支持。通过分析图书销售数据，图书购买者的性别、年龄、职业、爱好等信息，以及用户图书浏览记录、收藏记录、购买和评价记录等信息，找出不同类别人群的图书兴趣点，从而根据目标读者情况精准策划图书选题。图书销售过程中，不同地域、年龄、职业、性别的人群对图书有不同的阅读偏好，可以运用大数据技术对不同类型的人群进行分析，从而按照人群特点实施精准的市场推广策略。

互联网和信息化技术的发展及其在文化产业方面的应用为人们的文化生活带来了极大的便利。如今通过计算机或者手机等移动设备，人们可以随时随地欣赏音乐、观看演出、线上参加各种培训课程。

人们在参与和欣赏文化艺术活动时，不同年龄、职业、性别的喜好有所不同。基于上述差异，可以对网络平台注册的用户信息及其在日常使用过程中产生的海量数据信息进行计算和分析，从中发现不同用户的喜好，通过大数据技术对其进行挖掘和分析，从而使系统平台对不同用户的定位更为清晰。随后，结合数据分析的结果，按照用户的个性化需求，向其自动推荐可能感兴趣的内容，如此一来，既节约了用户对节目进行检索的时间，改善了用户的应用体验，也使服务更加精准、个性化，提升了平台的服务效率。

目前，我国已经建设了不同层级的文化资源素材库，包括历史文化遗产资源数据库、红色历史文化资源数据库、少数民族文化资源数据库、传统音乐文化数据库、舞台艺术音像数据库等。

丰富的数据资源为文化产业的创新发展提供了巨大的动力。通过采用大数据技术，对博物馆、美术馆、文化馆、非物质文化遗产等文化资源大数据进行收集、整理、分析和挖掘，可以从中获得灵感、激发创新，对促进传统文化传播、提升中国文化符号的“美学自信”、促进文化内容和文化产品的生产起到积极的作用。

作为第三产业的重要组成部分，文化产业覆盖范围十分广泛，将人工智能技术应用于文化产业中，能够推动文化产业新业态的形成并促进文化产业领域的延伸，为文化产业新时期的发展注入新动能和新活力。

语音识别技术是人工智能技术的一个重要分支。语音识别技术采用声学特征提取、声学模型构建、语言模型构建与训练、音频解码等技术，实现了从人类语音到计算机文本的转换，为人机交互提供了全新的途径和应用方式。例如，将语音识别技术嵌入式地应用到网络平台上，如果人们需要对相关文化信息或者文化内容进行检索查询，只需对着手机端或者计算机端设备的语音录入端口讲话，相关的文字便会自动出现在搜索框内，让用户快捷、便利地获取需要搜索的结果信息。

智能客服机器人是人工智能技术应用的另外一种形式，具体应用流程是预先收集大量客服信息，采用自然语言处理技术对相关问题进行分析和处理，通过基于人工神经网络算法的机器学习对智能客服机器人进行建模，并在应用过程中不断对智能客服机器人的知识库数据进行充实和完善，使得智能客服机器人能够在接收到用户的问题后，快速从知识库中搜索最匹配的答案进行回复，或者采用实时“对话”的方式与用户互动，提供各种咨询和引导服务。

2022 年年末到 2023 年年初，美国 OpenAI 公司研发的聊天机器人 ChatGPT 引发关注。人们可以像和人类对话一样向 ChatGPT 询问任何问题，而 ChatGPT 也可以基于自己的“知识能力”回答用户提出的各种问题，它甚至还可以满足用户提出的撰写文案、翻译文本、编写代码等要求。

ChatGPT 采用了大型语言模型和基于海量数据的训练，从而具备较为完整的语义理解和文本生成能力。它的出现标志着人工智能技术在自然语言处理和人机交互领域取得了重要进展。

在文化产业领域，充分利用和发挥人工智能的技术优势和特点，将使文化内容在生产、策划、营销等方面发生前所未有的变化。

借助人工智能的文本辅助输入功能，作者在进行文学创作时，不再需要通过计算机打字的方式逐字逐句输入，语音输入、智能纠错功能使文本的输入变得更加快捷和方便。采用人工智能技术后，通过对海量数据的收集，以及对人工智能模型的优化，作者在进行文学作品创作时，只需向人工智能软件“讲述”自己的文学内容，人工智能软件便实时记录作者的口述内容，并将其自动转换为文本后显示在屏幕上。同时，人工智能软件具有智能纠错功能，能够自动对文章进行检查，智能识别出文章内容的语病和错误之处，并给出正确的用法和修改建议。

人工智能技术也能够激发作者进行文学创作的创意。互联网和电子化的文化资源为文学创作提供了取之不尽、用之不竭的文学素材，人工智能通过自动推理、自动搜索，可以帮助作者收集大量有价值的信息，作者可以从中获得更多创作灵感，提高文学创作的效率。

随着人工智能技术的不断进步，利用文学诗歌、网络小说对人工智能模型进行训练，使其掌握诗歌撰写的语言规律和韵律，以及小说编写的逻辑和情节设置，由人工智能进行诗歌、小说的创作和撰写将会变得司空见惯，而文学作品的内容也将因此变得更加丰富。

人工智能技术还可以应用到艺术绘画领域。通过将大量的美术作品输入计算机，运用机器学习算法让计算机对输入的美术作品进行处理、分析和学习，从中提取不同类型美术作品的线条、颜色、纹理，然后通过学习大量美术作品，不断修正、完善神经网络模型，使其具有自动创作和生成美术作品的能力。

人工智能的美术创作能力使人们无须具备专业的美术功底，也可以进行油画、素描、漫画、电子画报的创作。采用人工智能进行绘画时，用户只需要在计算机上打开人工智能绘图软件，选择绘画风格、绘画类型、画布尺寸、修饰词、艺术家等信息，或者上传自定义的参考图像，然后选择开始绘图，计算机便会按照用户的设置自动生成绘画作品。用户可以对人工智能绘制的画作进行修改，各种人工智能辅助绘图工具使得用户不必在烦琐的绘画细节上花费大量的时间，图像自动识别、边缘自动检测、图形自动匹配，各种艺术字、涂刷、画笔等便捷的操作方式和强大的功能大幅提高了绘画的准确性和出图效率。

人工智能绘画作品“Portrait of Edmond Belamy”以43.2万美元的高价被拍卖，这是采用人工智能进行绘画创作的典型案例，训练模型的算法公式就签写在这幅画作的右下角处。人工智能工程师收集从14世纪到20世纪之间绘制的肖像画数据，并采用生成式对抗网络算法对模型进行训练，这幅画作才得以顺利诞生。

通过大量数据的采集和对模型的训练，人工智能技术还能够让美术作品“丰满”起来、“活动”起来，美术作品不仅是二维的线条，也可以是丰富、立体的实景，人物不再是单一的神态，也能够像真人一样眨眼、讲话。

人工智能可以实现不同美术作品之间的融合，使原来的美术作品具有别样的风格和形态。现在已有开发者采用MultiDiffusion模型将《清明上河图》转变为具有真实质感的全景图片，使宋代的繁华景象浮现在人们眼前。人工智能技术在传统美术作品传播中的应用，使传统的艺术展现形式更加多元、有趣，艺术发展变得更加具有活力。

人工智能技术应用于音乐领域，能够促使更多音乐作品产生，让音乐作品变得更加丰富和多元。利用神经网络、遗传算法等，提取现有的音乐作品库中的数据特征，对模型进行训练，使其掌握作曲的规则与结构，并按照用户的要求进行作曲。用户可以选择不同的音乐风格、节奏、时长，利用人工智能技术，按照用户的要求自动生成对应的音乐。用户还可以对生成音乐中不同乐器的音量、节奏进行调整，让生成的音乐更符合自己的喜好。

此外，在影视作品制作方面，采用人工智能技术能够实现自动化剪辑、一键式调色、一键式抠图。利用人工智能为影视作品生成的各种虚拟场景，以及增加的各种特效、配音和配乐，都使影视作品的内容得到极大的丰富和充实。

人工智能技术也为短视频的快速制作和生成提供了更加高效、便捷的技术手段。通过机器学习和深度学习，人工智能可以从海量的短视频中挖掘不同用户的喜好，为创作者的内容创作提供指导和建议。利用人工智能技术，创作者可以轻松地自动生成视频，添加各种特效和文字，快速地生成个性化的高质量视频，极大地节省了创作者的时间和精力。

4.3.2 大数据与人工智能技术在旅游产业中的应用

旅游产业相关数据涉及的范围十分广泛，例如游客在旅行过程中吃、住、行、游、购等活动产生的基础数据，气象、交通、公安、测绘、卫生、环保等横向部门为辅助旅游服务而提供的数据，旅游监督管理部门的统计客流、票务数据，运营服务商关于游客的属地及行程方面的数据，以及互联网、政府旅游信息化平台相关的旅游数据等。

将大数据技术应用在旅游产业中，通过对相关数据的汇集、分析和挖掘，可以洞察游客的行为和偏好，发现旅游服务过程中的不足，进而作出预测性的决策和部署，构建全方位、定制化的服务体系，从而推动旅游产业向信息化、智慧化的方向高质量发展。

游客在旅游过程中，品尝当地的美食是一项重要的活动。在数字经济时代，大数据为旅游景区的餐饮服务业挖掘用户需求、提升服务品质、提高服务质量提供了新的技术手段。旅游产业的众多数据中，既包括了游客的性别、年龄、来源地等数据，也包括了景区内部及附近商家的餐饮品牌、餐饮特色、分布位置、平均消费、用户评价等数据，还包括了景区内部景点的分布、平均客流、游览路线等数据，将上述数据进行综合，并运用大数据技术对其进行分析，可以发现在哪个时间段游客比较集中、什么样的菜品更受欢迎等。然后，根据分析结果让餐饮服务商家在食材准备、人员安排、广告投放等方面早做准备、精准发力，制订合理的食材采购计划，安排适宜的服务和食品烹饪人员，并适当地进行菜品和美食推介，在游客到来时为其提供优质服务，做到销售业绩和品牌好评度的双丰收。

在旅游住宿环节，由于季节、时间、天气情况、目的地的不同，酒店的住宿价格往往存在较大的差异，合理的价格、适合的酒店不仅能让游客获得良好的住宿体验，同时也能够提升酒店的营业额，增加经济收益。可以运用大数据技术，将旅游地近期的重大活动、天气、节假日、历史同期游客数量等数据进行综合处理与分析。然后，根据分析结果帮助酒店确定更加合理的价格。同时，根据分析结果择时开展房间促销活动，通过合理的价格、正确的销售策略提升酒店的效益。另外，酒店还可以将用户在旅行期间住宿的数据、餐饮活动的数据进行结合，并对其进行分析，根据分析情况推出“住宿＋餐饮”的一体化服务，将住宿和美食进行“打包”，一起作为吸引游客的内容，让游客在放松的状态下享受住宿与美食一体化、居家式的特色服务。

大数据也能够为游客旅行过程中的景点选择提供决策和支撑服务。一些游客通常会将旅游前制定的攻略，旅游过程中拍摄的美景，旅游后的心得、体验等发布到网上进行分享，因此，微博、微信、论坛、抖音等平台包含了各种各样、数量庞大的旅游相关数据。采用大数据技术收集相关信源的数据，对不同旅游城市和旅游景区的社会舆情、关注度、游客评价、消费与服务、交通及配套等进行综合分析后，再向游客提供不同景区的优势、媒体热度、客流量趋势、综合影响等信息的对比，游客可据此安排个人的旅行计划，在对各方面进行综合考量后选择最适合自己的景点。

在游客的旅行过程中，大数据技术的应用为游客提供了各种综合性的查询服务。游客可以通过移动终端提出自己的需求，基于大数据的平台根据游客的所在位置，将周边的美食、酒店，以及农家乐、停车场、商业演出、租车服务等信息经过筛选后发送给游客，游客根据需要进行选择。

在旅游景区日常运行的过程中，尤其是在客流量高峰时段，对客流量进行实时的监测和管理是一项重要的工作内容。将大数据技术用于旅游景区的客流量监测和预测，可以为景区的正常稳定运行提供良好的支撑。在旅游景区内，关键区域的监控系统实时采集和记录了客流数据，旅游景区的售票系统记录了已售出的票务数据，电信运营商的无线网络采集了当前信号覆盖区域内的用户数据。此外，旅游景区的数据库系统地记录和接收其他部门传送的往年游客数据、当前和未来几日的天气数据、周边道路的交通数据，通过采用大数据技术，综合上述的各种数据，并利用人工智能模型进行分析，可以预测景区未来的客流量，进而采取相应的交通疏导和客流引导举措，提前对旅游景区的游客进行分流，避免游客拥堵事件的发生。

在一些具有特殊地貌特征的旅游景区，地质监测传感设备可以实时反馈地质情况的数据，当景区游客数量超载时，就有可能发生地质变化，从而对游客的人身安全造成危害。将地质数据与游客数据相结合，应用大数据技术进行分析和预测，提前对景区的一些区域采取控制和限流措施，可以为游客的旅行和生命财产安全提供保障。

在传统模式下，旅游产品的营销通常采用大范围、广而告之的策略，在大数据技术的加持下，旅游产品的营销可以做到更加精准。

通过使用大数据技术，对游客的年龄、职业、受教育程度、消费偏好等进行分析，旅游产品营销方可以针对不同的群体设计不同的旅行产品，制定不同的销售策略，为不同类型的游客提供亲子游、康养游、生态游等主题方案，规划一日游、三日游、七日游、周末游等旅行安排，将旅游产品与基于大数据的游客画像相结合，有针对性地进行信息推送和广告投放。

旅游大数据中包含了大量游客客源地数据、游客在旅行地停留的时长数据，以及游客在不同景点的消费数据，利用大数据技术对上述数据进行综合分析，可以发现在什么时间、什么类型的景点对哪些游客更具有吸引力，这些游客具有什么样的消费习惯和消费喜好等内容。基于上述分析，可以在后续的旅游产品营销过程中，有针对性地对不同地域的游客采取更具有吸引力的宣传手段和措施。旅游产品营销方还可以根据游客来源地，在具有潜力的地区加大旅游产品的宣传与推介力度，激发游客旅游和消费的潜力。

随着旅游产业的不断发展，游客数量日益增多，在旅游市场中逐渐产生了一系列不文明、不和谐的问题，例如“天价菜单”“天价酒店”等。因此，在旅游活动中，对旅游产业和旅游市场进行监管将变得日趋重要。在大数据时代，收集、整理并分析旅游市场活动中的各种数据，将大数据技术应用于旅游监管，不仅有助于规范旅游市场的经济秩序，也能够让政府的监管工作变得更加便捷，使游客的旅游过程变得更加安心和舒适。

在旅游市场活动中，市场经营活动数据既包括商家的工商登记数据、商品的种类与规格数据、商品的市场公示价格数据，也包括消费者在购买过程中的交易数据、用户购买后的评价数据、消费维权与投诉数据等，通过采用大数据技术对相关数据进行自动获取、综合整理和智能分析，当存在异常经营行为时，监管部门可在第一时间发现并予以查处，进而维护消费者的合法权益，并对不良商家形成威慑。

另外，市场监管数据可以通过与质检、工商、物价、公安等管理部门的数据进行对接，形成更完善和庞大的旅游市场监管数据系统，通过采用大数据技术对各种数据进行综合研判和分析，提升各个部门对旅游市场的综合执法管理水平。相关部门可通过短信、微信、社交媒体等方式对旅游市场中的不规范和违法行为、事件进行通知和公示，综合运用教育、引导、提醒、警告、处分等手段，逐步完善旅游市场经营体系。

人工智能技术的发展和在旅游产业中的应用推动旅游产业向综合性和个性化服务转型，在提升游客游览体验等方面带来了新的契机。人工智能技术在旅游前的咨询、旅游中的服务、旅游后的服务水平改进与能力提升等方面都具有广泛的应用场景。

自然语言处理、文字识别、图片识别、语音识别、语音合成等人工智能技术可以在旅游前的咨询服务中应用。采用人工智能机器人，向游客提供旅游咨询服务，不仅可以大幅减少人工客服的压力，也能够使游客的咨询得到及时回应，大幅提高旅游咨询过程中的问题答复效率。旅游产业中应用的人工智能技术如图 4–9 所示。

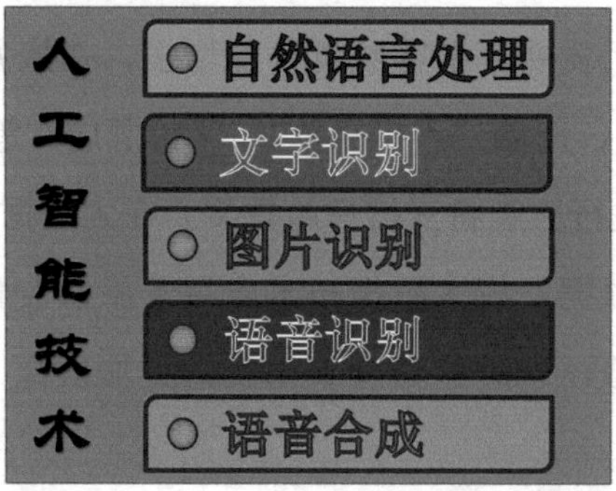

图4-9 旅游产业中应用的人工智能技术

游客可以采用线上或者线下的方式，通过文字或者语音的形式输入想要咨询的问题，人工智能机器人会基于自然语言处理算法自动对问题进行分析。然后，通过搜索引擎自动在知识库中搜索最匹配的内容，并以文字或者语音的形式向游客进行答复。人工智能机器人具有强大的网络连接能力和内容丰富的数据库，游客可以向机器人咨询关于景区的任何问题，人工智能机器人都能够向游客提供全面、详细的回答和介绍。游客也可以向人工智能机器人咨询游览线路、安全事项、景区节目、失物招领等方面的问题，人工智能机器人都能够耐心、认真、详细地进行作答。

人工智能技术还能应用在酒店的住宿登记和客房服务过程中，让游客在旅游住宿时，获得更加便捷、温馨和个性化的服务。

采用人工智能技术后，游客在进行酒店房间预订时，不需要填写纸质文件，也不需要在预订网页手动输入个人信息，只需要使用手机扫描自己的身份证，酒店预订网站便会自动对扫描的图像进行智能识别和信息提取，并将提取后的内容自动填写到预订信息框中。

游客预订成功并顺利到达酒店后，酒店房间内的智能家居设备能随时响应游客的需求，游客可以随时说出自己对房间的个性化要求，例如开启房间照明、将空调的温度设置为25℃、拉开或者关闭窗帘等，房间内的智能家居设备在接收到游客的指令后，会自动完成相应操作。酒店客房管理系统会根据游客的住宿情况，自动记录游客的住宿偏好，当游客再次光临该酒店进行住宿时，酒店客房管理系统会自动提前对房间内的环境进行设置，让游客进入房间后享受到宾至如归的贴心服务。

酒店内部设置智能机器人，可以为游客提供送餐、收发快递、房间打扫、路线引领等服务，游客只需对着智能机器人说出自己的需求，智能机器人便可以按照客人的需求把美味的餐食、前台的快递自动送到游客的房间，并对房间进行全方位的打扫，或者引导游客到酒店的某个区域，向游客提供各项服务。酒店机器人为游客提供服务如图 4-10 所示。

图4-10 酒店智能机器人为游客提供服务

在使用旅游网站和 App 提供的服务时，不同的游客会有不同的应用需求。一些游客希望了解去哪里旅游更加好玩、哪个景点有更多的演出活动，一些游客则关心哪里拥有更多的美食，还有一些游客更想知道哪些景点是网红打卡地等。将人工智能技术应用在系统平台中，在服务的过程中不断地记录、了解和学习不同类型游客的关注重点和使用习惯。然后，系统平台通过自主学习掌握各个景区的特性，能够在游客进行搜索时自动推荐其感兴趣的景区、景点和服务内容。

另外，随着信息化技术在旅游产业中的应用，用户的需求、心得、分享，以及舆情都可以记录在互联网上和信息系统中，通过用户的反馈，可以窥见当前旅游产业中的优缺方面，以及游客需要但目前尚不具备的功能。利用大数据技术、人工智能技术收集游客的反馈、建议、舆情等，通过建立人工智能模型对其进行自助学习、自动分析，将为进一步完善景区或者政府管理部门的工作、辅助性地参与旅游产业的发展决策起到积极的作用。

4.4 5G移动通信和无人机技术在文化与旅游产业中的应用

5G 网络具有更高的速率、更大的带宽、更高的可靠性和更低的时延。5G 网络可以提供不低于 1Gbit/s 的用户数据下载速率，可以在每平方千米的范围内提供不小于一百万个的连接数，无线终端间的时延低于 1ms，可以在最快 500km/h 的高速移动过程中保证信号切换不中断。因此，5G 网络在对实时性要求高、传输数据量大的场景中具有更好的适用性。

5G 的高性能源于其采用了先进的无线通信技术，例如大规模多进多出（Massive MIMO）技术、波束成形技术、毫米波技术、全双工技术、网络切片技术等。Massive MIMO 技术增强了无线信号的增益，进而大幅提高了移动网络的通信容量。将毫米波应用于 5G 通信，其较大的带宽可为信息通信提供极致的传输速度和容量。全双工技术是 5G 实现高吞吐、低时延的关键技术。在全双工模式下，信息传输的发射端和接收端使用相同的频率同时工作，通过采用自干扰消除技术，信息的下行和上行传输过程可以互不影响，从而大幅提升了频谱的使用效率。网络切片技术的应用使得 5G 网络更具灵活性，能够在低成本的情况下更好地满足更多个性化业务的需求。

自 2019 年 11 月 5G 商用以来，我国积极推动基于 5G 的发展规划、基站建设、应用方案，不断拓展 5G 在智慧城市、智慧医疗、智慧教育、智能制造、媒体直播等领域的行业应用。目前，一些应用已初具成效。

无人机，又称无人驾驶飞行器，是一种通过无线电遥控或者计算机程序自主控制的飞行器。无人机具有体积小、操作简单、灵活机动、受交通条件限制小等优点，可以为各种应用提供空中平台，被广泛地应用于影视航拍、国土测绘、地质勘探、应急救援、物流运输等领域。无人机的种类多样，可以按照不同的方式进行划分，例如根据机身机构的不同，无人机可分为固定翼无人机、单旋翼无人机、复合翼无人机和多旋翼无人机；根据重量的不同，无人机又可分为微型无人机、轻型无人机、小型无人机，以及大型无人机。

从结构上来看，无人机的组成通常包括机架、飞控系统、动力系统、遥控系统，以及任务设备系统等部分。其中，无人机的机架为所有设备和部件提供了承载平台，无人机系统的设备和部件都以直接或者间接的方式被固定在机架上。无人机的飞控系统相当于人的大脑，是无人机的控制核心，飞控系统主要由主控模块（即中央处理单元）、信号接口模块、伺服驱动模块等组成。无人机的动力系统主要为无人机提供飞行的动力，通过对不同位置电机转速的控制，实现无人机的上升、下降、前进、后退等飞行动作的改变，动力系统的部件包括电机、电池、电子调速器、螺旋桨等。无人机的遥控系统主要包括遥控器和接收机。遥控器用于实现在地面对无人机的操作和控制，实时查看无人机的飞行参数，接收无人机反馈的信息。接收机安装在无人机的另一端，接收地面遥控器的指令并将信息传递给飞控系统，从而改变无人机的飞行状态。无人机的遥控器与空中的接收机采用无线方式进行通信，通信频率通常有1.2GHz、2.4GHz、5.8GHz这3种类型。其中，2.4GHz和5.8GHz频段具有更远的传输距离和更佳的抗干扰性能，在民用无人机领域被广泛应用。无人机的任务设备系统通常根据无人机的功能和用途而定，不同的用途和任务类型配置不同的任务设备，空中摄像机、空中探照灯、空中喊话器、激光雷达等都是常用的任务设备。

4.4.1 5G和无人机技术在文化产业中的应用

5G技术为信息的传输提供了高速率和高容量的业务通道，将5G技术应用在文化产业能够为文化场所的参观游览、内容传播、文化服务、运营管理等带来新的变化。

借助5G技术，文化场馆能够通过线上服务的方式将文化场馆的空间布局、馆藏和展览设置发送给游客，游客可以通过移动终端来实现在文化场馆内的漫游和参观。线上的文化场馆等比还原了线下场馆样貌，游客可以鸟瞰文化场馆，也可以搜索目的地，实现目的地的自动定位和线路导航。基于5G技术快速的信息传递能力，文化场馆内部走廊、道旁景物、内部设施、物件摆设等能够实时呈现在游客眼前，游客可以在文化场馆内部快速穿梭、直达馆舍的任何位置，真正实现全面、快速的沉浸式游览。

5G 技术可以为用户通过移动端随时随地进行在线阅读、欣赏节目、观看展览、参观文物提供支撑。

随着数字化的文化内容逐渐增多，数字阅读正悄然改变人们的阅读习惯，人们阅读的方式、阅读的内容都逐渐发生变化。5G 高速率、低时延、多连接的技术特性使得人们的阅读变得更加自由，摆脱了纸质书携带和使用方面的不便，也不再受限于时间和空间，人们可以在任意地点随时拿出移动终端阅读。数字化的阅读内容因为有了文字、图片、视频的组合变得更加丰富多彩，而相关内容的下载需要更大的带宽支持，5G 技术让阅读过程中内容的查阅、下载变得更加快捷，用户不用再为加载速度缓慢而担忧，获得良好的阅读体验。

5G 技术也为视频节目的高速传输提供了支持。基于 5G 的大带宽数据传输性能，4K、8K、VR 等视频内容可以进行无损传递，而 5G 的低时延优势也使得观众在观看文艺节目时可以实时与节目现场的演出人员进行异地互动，在画面上实现远程内容的无损合成，为节目的制作、分发、传输和内容呈现提供更多的可能。在 5G 技术的支持下，文艺节目的拍摄可以不受地理空间的限制，也无须携带厚重的存储设备，前端拍摄的视频内容可以实时回传到系统的后端进行制作和存储，实时、快捷、精确的拍摄和回传手段让节目的采集质量和制作效率得到有效的提升。视频节目播出时，观众通过移动终端可以流畅地收看节目内容。同时，观众还可以随时与节目现场的人员进行远程交流，实现线上与线下的实时互动，这不仅增强了节目的影响力，还丰富了视频的内容，让节目变得更有趣味性。观众通过直播观看录制现场如图 4-11 所示。

5G 技术的应用也使艺术作品的创作、展览、传播呈现全新的变化。通过基于 5G 技术的移动终端设备，创作者可以随时上网查阅艺术创作所需要的信息，从庞大的艺术知识库中汲取创作灵感。艺术家现场创作的作品也可以通过网络与艺术爱好者进行线上分享，让艺术爱好者能够第一时间欣赏艺术家创作的最新作品。艺术作品经数字化转换后可以在网络上进行 24 小时不间断的展出，使用移动终端设备的用户可以随时随地在线上观看展览。5G 网络的信息传输速率使得用户可以快速地浏览网上的艺术作品，对感兴趣的艺术作品进行放大、旋转和移动等操作，近距离、详细地观察作品的线条、纹路、材质等细节。

图4-11 观众通过直播观看录制现场

5G 技术为博物馆文物展览提供了新方式。借助数字技术，博物馆文物展览不用再受场地、安保、时间等因素的限制，用户可以随时在线参观全国各地博物院的馆藏文物。5G 技术带来的流畅的网络速度将三维数字化文物模型实时逼真地呈现在用户眼前，用户可以近距离、全方位地观赏文物的每一处细节，点击网站上关于文物的介绍图片、视频信息，全方位地了解文物的历史、渊源，即时、快捷的操作响应使用户获得“身临其境”的良好感受。

近年来，短视频的影响力逐渐扩大，发布量不断攀升，已成为文化传播的重要途径和手段，5G 技术在助力短视频发布和传播的过程中发挥了重要作用。在文化领域，将传统文化、现代文化与短视频的特点相结合，制作出能够体现中华文化之美、引领积极向上的社会风气、激发人们为民族复兴不懈奋斗的短视频，并借助 5G 技术进行广泛的传播，能够极大地提升中华文化和中华文明的影响力，为社会发展注入新的精神动力。

此外，5G 技术在文化产业的应用也为数字音乐和网络游戏的推广起到积极而重要的推进作用。在 5G 技术出现以前，受带宽的限制，基于网络的数字音乐往往需要采用各种压缩算法对音频文件进行转码压缩，将整首歌曲的大小控制在 1 ～ 3MB，这个过程对歌曲的音质产生了较大的影响。借助 5G 技术大带宽的特性，数字音乐的网上传输与下载不再受带宽的影响，录制好的原声音乐可以不经压缩直接发布到网上，供用户下载或者在线收听，5G 技术超高的传送速率让用户能够流畅地下载和在线收听，感受原声音乐带来的收听体验。

5G 技术的高速率、低时延、大带宽还提高了移动端网络游戏的流畅度和画面的呈现质量。在 5G 技术的支持下，玩家能够尽情地在游戏世界里畅游，玩家熟练的操作能够即时得到响应，不会发生时延、卡顿的现象，不同的玩家可以在线上组团参与战斗，实现彼此之间良好的配合与协作。5G 技术使移动端网络游戏的画质在用户端得到更加真实的呈现，玩家在畅玩游戏时能够看到更加真实的人物，以及更加逼真、绚丽的画面，获得沉浸式的体验。

将无人机技术应用于文化产业，能够在视频节目拍摄与制作、节目表演、活动宣传、空中测绘等方面发挥重要的作用。

首先，无人机应用于视频节目拍摄，不仅能使视频节目具有更好的呈现效果，也让拍摄过程变得更加方便和快捷。视频节目在拍摄制作时，往往需要在不同的角度和不同的位置使用多种拍摄手法和技巧进行拍摄。而采用无人机进行空中拍摄，能够俯览表演现场，向观众展示更加立体、更加全面的现场画面，为观众带来强烈的视觉震撼，从而引发观众观赏时的情感共鸣。

由于无人机具有机身小巧、携带方便的特点，在进行拍摄时，拍摄者不用担心拍摄过程中携带设备带来的困难。同时，无人机的起飞和降落也不受场地的限制，可以在任何较为开阔的地方进行节目拍摄，无人机的快速部署优势特别适用于对时效性要求比较高或者现场条件比较差的情况下的节目拍摄。

无人机还可以实现一些地面设备难以完成的特殊的拍摄手法。例如在文化宣传片制作时，采用一镜到底的拍摄手法能够给人带来身临其境的感受，内容的呈现将更加真实。地面拍摄设备在进行一镜到底拍摄时，需要对拍摄的空间方向、拍摄顺序、拍摄画面的构图、拍摄器材的稳定性等多种因素进行考虑，而采用无人机方式则使拍摄过程变得容易许多，只需要控制好拍摄构图，保证画面稳定，然后进行相应的飞行操控即可。

无人机表演具有新颖、科技感强、观赏效果好的特点，使用无人机编组进行飞行表演，正逐渐成为各类文化活动的一项重要内容，受到越来越多人的喜爱。无人机灯光秀也是当前文化活动中应用较多的一种形式。在无人机灯光秀表演前，首先需要在无人机上安装专用的灯光系统。其次，需要在计算机上将要呈现的画面转换为无人机的飞行轨迹和位置。然后，通过地面和无人机群的通信，实现对每架无人机前飞、后飞、悬停、平移等动作的控制，以及对每架无人机灯光的控制。无人机灯光秀可以让无人机在空中展现出不同的图案、文字，为了使表现形式更加丰富，节目演出时，往往还会配以音响系统。在视觉和听觉的双重加持下，无人机灯光秀呈现的节目内容将更加生动、有趣、绚丽和立体，给观众带来极佳的感官享受。第 31 届世界大学生夏季运动会倒计时 100 天无人机灯光秀如图 4-12 所示。

图4-12 第31届世界大学生夏季运动会倒计时100天无人机灯光秀

在开展文化活动的过程中，采用无人机负重悬停不仅能够提升活动的宣传效果，也可以渲染现场的氛围，为活动带来别样的乐趣。无人机负重悬停主要通过使用无人机悬挂相应的物品来实现，包括条幅、旗帜、吉祥物等。无人机负重悬停需要注意，悬挂的物品不能超过无人机的载重能力，在户外应用时还需要考虑风力的影响。在进行飞行表演时，飞手戴上头显设备并通过地面通信对无人机进行操控，在地形复杂和较小的区域内高速飞行，飞行的过程中不时完成各种高难度动作，为观众带来精彩的表演。

另外，无人机还可用于测量地面工程，在文化产业中的文物考古、遗址测量、古迹图像拍摄等方面开展应用。采用无人机测量地面工程，其便捷的操作方式和极高的工作效率，大幅降低了考古过程中人力和设备的投入，可以在较短的时间内获得大量丰富的现场资料数据，大幅提升考古工作效率。测量过程中，无人机与被测对象无须接触，避免了传统人工方式操作过程对文物、遗址的踩踏破坏，有利于对遗址、文物的考察及修复。可以按照测绘区域的大小和形状，对无人机的飞行高度、飞行速度、飞行航线进行设定，无人机根据飞行计划对相关的区域进行航拍，通过对航拍的图像数据进行图像匹配、三维重建、分析与处理等操作，可以精确地得到测绘区域的数据信息。

4.4.2　5G 和无人机技术在旅游产业中的应用

互联网和移动终端设备的快速发展使得在线直播逐渐兴起，并越来越受到大众的青睐。

在线直播的出现，使用户即使足不出户也能够通过观看直播视频，欣赏各地的河流山川。同时，在线直播也逐渐成为旅游景区和地方对外宣传的窗口，以及当地旅游产业彰显城市品牌的重要途径。此外，通过在线直播，可以使当地特色美食和产品在更大的范围内得到推广。

5G 技术高速率、大带宽、低时延的特性为在线直播的应用提供了快速稳定的网络环境。通过 5G 网络，现场录制的语音、拍摄的高清视频能够实时被用户接收，而不会出现卡顿现象。进行在线直播时，摄像机、手持稳定器、话筒、移动电源等都是直播需要的器材。其中，摄像机实现对现场景色的视频采集，手持稳定器确保拍摄过程中画面不会抖动，话筒采集拍摄现场的声音，移动电源为直播时的各种设备提供电力供给。摄像机拍摄的高清视频、话筒采集的音频都通过5G网络进行快速无损的传输，精细的画质、流畅的声音让在千里外观看的用户观赏到优美的景致。

在5G技术的支持下，用户可以对直播内容发表评论，或者直接向主播提问，主播和用户之间实时进行语音沟通，问题和答复将实时显示在屏幕上。在线直播使主播可以实时分享旅游的喜悦，也让主播在与线上观众互动的过程中收获更多的关注，从而激励主播不断拍摄更多、更好的旅游视频。

5G技术还能在旅游产业的建设和运营管理中得到良好的应用，并使旅游产业的建设、运营产生新的变革。借助5G技术，旅游景区的设备互联、信息传输将不再需要大面积敷设光缆，设备的安装位置和应用方式变得更灵活。游客在进入景区时，门禁系统的人脸识别装置对游客进行身份识别，若身份信息比对成功，则自动开启闸机。5G极高的网络传输速率保证了前端人脸识别装置采集的信息可以被迅速发送到后台服务器，后台服务器对比后反馈的指令也能够被快速发送到现场的闸机。

与上述场景类似的场景也发生在电子支付领域。游客在旅游过程中进行购物结账时，自助式的购物支付设备会采集游客的人脸信息，然后将该信息与电子支付服务商的系统数据进行比较，比较成功后自动从游客的账户中扣款，用于支付游客购买的商品，5G高速、稳定的网络传输保障了这一过程中信息的安全和快速传递。

将5G技术应用于景区的安防管理，能够使前端视频摄像机摆脱以往需要敷设光缆或者网线的困扰，可以安装在任何被5G网络覆盖的区域，安装位置变得更加灵活。使用基于5G网络的摄像机后，景区的管理人员可以根据实际需求随时进行补点安装，无线接入、联网传输的方式大幅节省了景区投入的物力和人力。随着摄像机技术的不断发展，监控设备逐步向720p、1080p、4K、8K等高清和超高清方向演进。采用高清和超高清摄像机后，拍摄的画面将变得更加清晰，能够对人脸、车牌、物品进行更精确的识别。但同时，高清和超高清视频的传输需要更大的带宽，5G网络最高峰值速率可达10～20Gbit/s，可以较好地满足高清和超高清视频传输的需要。

5G 网络也让旅游社交领域发生了变化。一方面，5G 的应用使得以往基于文字、图片的社交分享方式逐渐向文字、图片、音频、视频等多种形式并存的方式发展；另一方面，5G 网络的应用使社交工具的种类更加多样，用户的网络社交活跃度显著提升。用户在旅游过程中，通过移动终端可以随时将吃喝玩乐的图片、视频配以文字分享到朋友圈等社交媒体，其他用户可以对其分享的美食、美景，以及有趣的旅游项目等内容进行点赞、评论，并基于共同的话题进行交流。

5G 技术大带宽、广连接、低时延的特性为 VR 在旅游产业中的应用提供了保障。通过 VR，用户可以在虚拟的网络环境中，全方位、沉浸式地游览各个景点。在 5G 技术的加持下，用户看到的画面将变得更加清晰、流畅和稳定。

随着大众旅游时代的来临，为了提高知名度，吸引更多的游客前来参观，制作旅游宣传片成为一些景区扩大对外影响力的重要工具。通过旅游宣传片，游客可以通过视听的方式全面地了解景区独特的人文风情，提升前往旅游的兴趣。同时，旅游宣传片也能提高景区的知名度和曝光率，使更多人了解景区所在地蕴藏的价值和潜在的商机，吸引更多游客和投资者。

在旅游宣传片的拍摄过程中，采用无人机能够从更高和更广阔的角度拍摄景区的风貌，为观众提供震撼的视觉冲击。与地面拍摄相比，无人机拍摄可以从高空中获得更广的视角，用更大的画幅展示景区内容。此外，无人机还能到一些人们难以抵达的区域拍摄，例如山谷、岩洞、海面、森林等。

无人机也可以应用在旅游过程中。游客可以通过无人机高位摄录的方式观赏在地面旅游时看不到的景象。当游客在游览过程中感到劳累需要坐下休息时，可以放飞无人机，对前进路线和当前位置进行规划和定位，以便安排后续的行程。无人机进行高空风景拍摄如图 4-13 所示。

在旅游旺季，一些热门的旅游景区往往会发生拥堵情况。景区游客数量的激增不仅降低了游客的游览乐趣，也给景区的运营管理造成了一定的安全隐患。当拥堵情况发生时，及时对游客进行游览路线的引导、对游客聚集地区的客流进行疏导尤为重要。

图4-13 无人机进行高空风景拍摄

采用无人机进行客流监控和疏导具有人工疏导不可比拟的优势。景区的运营管理人员只需要使无人机飞至游客聚集地的上空，无人机将现场的画面及时回传，远在控制中心的运营管理人员便可通过图像显示终端设备实时了解现场的聚集情况。同时，在无人机上安装高空扬声设备，地面人员持有手持喊话设备，运营管理人员只需对着手持喊话设备讲话，相关的安全提醒、疏散路线、注意事项等信息便可通过无人机传递给聚集处的游客，实现对游客的游览疏导、信息通知，以及安全预警。

旅游景区内部和周边的道路通常较为狭窄。每逢假期，在车流、客流剧增的情况下，交通拥堵现象时有发生。应用无人机对旅游景区内部及周边道路进行巡视、监控、疏导，能够及时掌握道路上的交通情况，对周围的交通态势进行预测，采取措施防止拥堵现象的发生。

无人机上的摄像机还可以将道路上的交通情况实时传送给地面的交通管理人员，交通管理人员根据不同路段的交通情况，可以采取提前通知、路段限流、现场指挥等措施提前进行车辆的管理和分流。而当道路上有影响车辆正常通行的情况发生时，地面上的交通管理人员可以通过地面和机载的喊话器对道路上影响通行的车辆进行广播，及时纠正影响交通的行为。当紧急事故发生时，应用无人机可对进入景区的应急车辆进行路线引导，通过机载广播和飞行路线引导告知应急车辆正确的行进路线和停靠位置，为应急救援和事故处理争取时间。应用无人机进行道路交通监测与疏导如图 4–14 所示。

图4–14　应用无人机进行道路交通监测与疏导

无人机还能够实现对景区内地质、山体、河流等环境要素的监测，以及完成自然灾害发生时的协助救援和保障工作。在有山体和地质特色的景区，雨水较多时，可能会发生泥石流和山体滑坡现象，对景区的正常运营和游客的人身安全造成威胁。景区的管理人员通过远程操控无人机，可以实现对具有潜在危险的山体、河流的快速巡查，自动拍摄和测量山体、河流遭遇强降水后的变化情况，提前进行安全预警，为进行地质和地貌的修复、安全隐患排除措施的施行及时提供现场资料。

当旅游景区内发生自然灾害时，往往伴随恶劣天气、道路阻塞和基础设施损毁等现象，这些现象都给救援工作带来较大障碍。此时，充分发挥无人机的空中优势和快速反应能力，迅速放飞无人机，通过机载照明、广播、通信设备等，为救援现场提供应急照明、物资投放、救援广播、通信中继等服务，能够及时地安抚现场被困人员、投放急需的救援物资、提供救援指导、快速建立通信渠道，多措并举，协助援助人员快速地开展各项救援工作。

4.5 定位与导航技术在文化与旅游产业中的应用

定位技术是指对地球表面的特定物体，基于某种参考坐标系，获取其在特定的时间所在具体位置的技术。导航技术是指将载体从一个位置引导到另外一个位置所采用的技术。定位技术是导航技术的基础，导航任务的实施需要能够对载体的坐标进行定位，能够实时、连续地明确载体的位置、速度、加速度、行进方向、角度等信息。

目前，常用的定位技术有卫星定位技术、移动通信网定位技术、无线局域网定位技术等。其中，卫星定位技术和移动通信网定位技术多用于室外定位，而无线局域网定位技术多应用于室内定位。卫星定位是根据被测点到卫星的距离，以及被测点与卫星之间的时间差，通过方程求解的方式得到被测点的经纬度和高程参数。为了提高定位的精度，卫星定位通常采用差分定位算法，即在计算过程中引入地面基准站的坐标数据，通过地面基准站实际值与观测值之间的误差对被测点的定位数据进行修正，从而得到一个更准确的位置数据。移动通信网定位技术也称基站定位技术，是指通过电信运营商的基站对被测点进行定位的技术，根据被测点在与移动基站进行通信时电磁波的传输时间，以及3个以上基站的已知位置数据，通过计算得到被测点的位置信息，并且参与定位的基站数量越多，定位效果越好。无线局域网定位有Wi-Fi定位、蓝牙定位、RFID定位、红外和超声波定位等多种类型，部署简单、方便，定位精度较高，但作用距离通常较短。无线局域网定位根据测定点和被测点之间信号的传输时间，以及测定点已知的位置信息，通过运算得出被测点的位置信息。

导航技术有多种类型，其中卫星导航以卫星为空间基准点，通过向用户设备发送无线电信号的方式确定用户设备的位置、速度和时间，是日常生活中使用较多的一种导航方式。卫星导航通常包括空间卫星星座、地面监测与控制系统、地面用户设备等部分。目前，国际上可用的卫星导航系统主要为中国的北斗卫星导航系统、美国的GPS卫星导航系统、俄罗斯的GLONASS卫星导航系统，以及欧洲的伽利略卫星导航系统。由于卫星定位与导航系统不受天气、地貌、行进速度与距离等因素的影响，且具有较高的实时性和导航精度，在各个领域均有广泛应用。

4.5.1 定位与导航技术在文化产业中的应用

将定位与导航技术应用于文化场馆的游览与参观服务，能够帮助游客更快、更准确地掌握自己所在的位置，便捷地到达想要参观的区域。受建筑结构的影响，室内的卫星信号通常十分微弱，无法正常提供服务。因此，文化场馆室内的定位与导航服务，通常采用无线局域网定位与导航技术。

一般来说，室内定位与导航技术的系统由定位标签终端、定位信标、室内基站信号控制器、位置与应用服务器、移动客户端组成。其中，定位标签终端由游客携带，用于向定位信标反馈其所在的位置。定位信标被安装在室内建筑或者物体上，通过与定位标签终端的通信，感应定位标签终端所在的位置。室内基站信号控制器实现对室内安装的诸多定位信标的统一设置和管理。位置与应用服务器根据定位信标传送的信号，通过计算解析定位标签终端的位置信息。位置与应用服务器还能基于文化场馆的二维或三维地图标注游客的位置信息，根据游客的目的地设置进行路径规划，提供基于地图的导航服务。移动客户端是游客使用室内定位与导航技术的应用设备，游客可在移动客户端的 App 上查看当前所在的位置，以及到目的地的路线规划信息，并按照其提示进行路线导航。室内定位与导航技术的系统组成示意如图 4-15 所示。

游客可将开启蓝牙和 Wi-Fi 功能的手机，或者文化场馆内领取的定位标签卡作为自身的定位标签终端。当游客在文化场馆内部进行参观时，通过手机或者定位标签卡实时与房间、走廊、展厅等位置安装的定位信标进行通信，以定位游客当前所在的位置。游客可通过手机 App 随时查看自己当前所在的位置，通过打字或者语音的方式输入终点信息，手机 App 会根据游客当前的位置自动规划到达终点的最佳路径，游客可以启动导航功能，然后按照手机 App 提供的精准导航，借助语音、文字、视频多种形式的提示快速到达目的地。

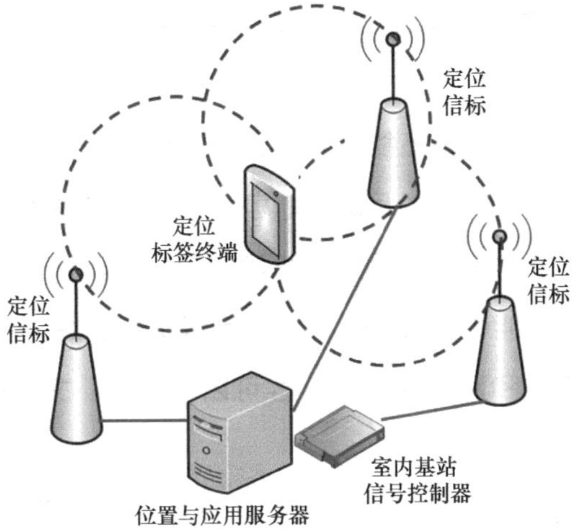

图4-15 室内定位与导航技术的系统组成示意

文化场馆的室内定位与导航技术可以与智能语音讲解服务进行融合。当游客在图书馆、文化馆、美术馆、博物馆参观时，根据定位引擎识别游客位置信息，将游客所在位置的场馆介绍、文化艺术品介绍、美术作品介绍、历史文物介绍等信息以图片、文字、语音、视频的形式自动推送到游客的手机上，为游客提供更丰富的信息。

文化场馆是举办各类演出、培训、展览的重要场所，当游客到现场参加活动时，应用室内定位与导航技术能够为游客现场停车、反向寻车、寻找路线、现场签到等提供帮助。

游客到文化场馆参加活动，往往需要花费大量的时间寻找停车位，停车问题是游客出行前经常考虑的问题。通常，为了便于管理，大型地下停车场会被划分为若干个区域，然后，在每个区域分别划线设置多个车位。由于地下空间有限和建筑墙柱的遮挡，游客在参加完活动后，难以快速地找到停车位。

通过将室内定位与导航技术用于室内停车和反向寻车管理，极大地方便了游客停车和找车。游客在出行前，通过手机 App 可以查询文化场馆的停车场位置、车位供给情况，并通过导航系统自动导航到文化场馆的停车位，在其将车辆停放妥当后，手机 App 会自动记录车辆停放的具体位置。当游客参加完活动，只需要打开手机 App，场馆内精确到米级的室内定位与导航系统会再次对车辆停放的位置进行定位。

同时，规划出从当前位置到车辆停放位置的行进路线，引导车主快速找到车辆停放的位置。

精确的室内定位与导航系统还能够为游客顺利到达展厅、展室、活动场所提供路线指引。文化场馆通常位于室内，且层数、房间较多，布局多样，游客难以快速到达目标位置，应用精确的室内定位与导航系统能够帮助游客快速找到目标位置。通过使用具有定位与路线指引功能的手机App，游客可以实时了解自己所在的楼层和位置信息，通过系统精准的定位和路线规划，游客可以在语音、文字的提示下，乘坐电梯、扶梯或者步行快速到达目标位置。

文化场馆在举办活动时，为了统计和管理参加活动的游客，通常的方法是采用书面签字的方式让游客到现场签到。在室内定位与导航系统的支持下，游客无须再进行现场签到，可以预先在网上进行个人信息的填报，当其到达活动现场后，文化场馆室内的无线感应设备将自动检测该游客当前的所在位置，对该游客进行现场签到确认。

室内定位与导航系统自动采集签到信息的方式满足了活动组织方对信息统计的需求，为后续文化场馆开展的文化活动需求调研，以及安排文化活动提供了真实有效的数据。

在文化场馆的安保管理方面，应用室内定位与导航技术能对安保人员进行监督和管理，实时了解安保人员的在岗、脱岗、离岗情况。当安全事件发生时，及时通知距离最近的安保人员到达现场进行处理，从而提高事件响应的及时性和现场处理的效率。

采用室内定位与导航技术的无线标签可以与门禁、佩戴式无线对讲、无线视频终端等进行集成，使安保人员在巡逻时能够进入相关区域，通过语音对讲及时报告巡逻过程中发现的异常情况，远在控制中心的人员通过位置信息和安保管理系统能够了解当前安保人员的位置信息；观看其现场传回的画面，从而方便地了解现场，当有事件发生时便于安保人员第一时间进行综合研判。

4.5.2 定位与导航技术在旅游产业中的应用

定位与导航技术是旅游活动中最常应用的技术之一，旅游活动中的定位与导航技术通常采用基于北斗和 GPS 的卫星定位与导航系统。

在旅游过程中，定位与导航技术能够使游客快速获取到达目的地的最佳路线，引导游客按照规划路线自行驾车到达目的地。通过使用安装定位与导航软件的移动终端，游客能够在终端显示器上看到自己当前的位置，并且可以使用定位与导航软件搜索目的地，定位与导航软件将显示游客输入的地点，根据起点和目的地的位置自动规划出可行的路线。

游客可以根据定位与导航软件规划的路线，从中选择最优的路线并进行导航，基于北斗和 GPS 的卫星定位与导航系统将实时为游客提供车道级的路线指引，通过语音、文字、视频多重提示的方式向游客提供及时、清晰、精确的路线指引服务。游客也可以按照起始点、到达点的规划路线，将沿途想要经过的加油站、服务区、停车场等添加到途经点，定位与导航软件将根据游客添加的途经点重新规划路线，引导游客按照设置的位置顺利到达途经点。

定位与导航技术为游客提供基于电子地图的导览服务。在景区的地图导览软件中，通常会标明景区内各个景点的位置信息，并用二维或者三维图显示景区内的道路、河流、山体、绿地、娱乐设施等，游客可以通过使用地图导览软件全方位了解景区内部的情况。将定位与导航技术与景区的地图导览软件相结合，游客能够在导览地图中随时查看自己的当前位置，查看当前位置与目的景点、服务设施的距离，从而对游玩的线路和后续规划有清晰的认识。

游客可以在景区的导览地图中设置下一个游玩的目的地，地图导览软件将自动为游客进行线路规划，游客可基于路程或者时间因素，综合选择路线，通过导航顺利到达目的地。在导览过程中应用定位与导航技术，不仅方便游客的旅行，避免了游客因寻找路线而造成的时间浪费，同时也为游客带来了全新的体验。

游客位置信息还可与景区的导览语音讲解系统数据贯通，从而为游客提供基于景区位置的讲解服务。通过这种方式，当游客到达某一景点时，系统根据游客位置信息自动将该位置景点的信息推送给游客，通过移动终端，游客可听到关于该景点详细、全面的内容讲解。同时，游客还可以在移动终端上查看系统推送的关于该景点的图片、文字、视频等介绍信息，在享受便捷、周到服务的过程中全面感知景点蕴含的文化魅力。

另外，定位与导航系统能够让游客随时了解当前位置周边的服务设施，通过列表或者地图的形式查看服务设施的分布情况，以及距离游客当前所在位置的远近情况。根据游客当前所在的位置，定位与导航系统可以向游客展示周边的餐厅、酒店、银行、医院、商场、超市、广场、公园、车站等信息。在吃、住、行、游、购，以及生活设施等方面提供全面的服务。游客可以根据个人的需要或喜好进入各个条目获取更加详细的服务，查看服务站点的具体位置、距离远近、消费水平、用户评价等信息，并按照系统提供的服务站点位置导航前往。

通过运用具有定位与导航功能的轨迹记录软件，游客在旅游过程中，可以对行进路线中的任何位置进行记录和标记。无论游客是自驾、跟团，还是采用徒步、骑行的出行方式，旅途过程中遇到的岔路口、危险地点，或者水源地、宿营地，都可以在轨迹记录软件上进行记录并在生成的轨迹图上显示出来。游客不仅可以分享个人的旅游轨迹，与他人共享旅途的美好记忆，也可以通过查看他人的旅行轨迹，发现兴趣点，规划自己未来的旅游行程。

在景区周边，临近山体、水边、野生动物保护区、野生动物出没处等地点都有可能影响游客的人身安全。游客在不了解当地地理环境的情况下，仅靠人为告知或警示标志并不能起到良好的防范作用。通过在可能发生危险的区域设置地理围栏，当游客进入该区域时，定位与导航系统能够及时发现，并将该信息传送到地理围栏管理服务器，地理围栏管理服务器将自动向携带移动终端的游客发送危险警告和提醒，及时阻止游客的危险行为，从而保障其人身安全。

定位与导航技术还能够为旅游过程中的应急救援提供保障。游客在旅游过程中，有可能遭遇地震、山体滑坡、泥石流、台风等自然灾害，当自然灾害发生时，地面基站往往会受到损害而不能正常通信，此时，采用卫星进行定位和导航，可以不受地面基础设施的限制，为开展各项救助工作提供支持。

游客通过使用具有卫星通信功能的终端设备，当灾害发生时，定位与导航系统能够快速锁定游客当前的位置，根据卫星定位，救援人员能够快速抵达被困人员所在位置并开展救援，大幅提升救援、救助的效率和成功率。

4.6 区块链技术在文化与旅游产业中的应用

区块链技术以区块为单位产生和存储数据，各个区块之间按照时间顺序首尾相连，形成链状结构。区块链中的每个区块数据由区块头和区块体两部分组成，区块头包括父区块哈希值、时间戳、默克尔树根等信息，区块体是一串交易的列表，记录了每笔交易的流水信息。每个区块的区块头都保存了上一个区块的哈希值，从而指定了该区块的上一个区块，如此往复，形成了各个区块间的链式逻辑关系。

区块链中哈希值的长度为256位，哈希值由计算机根据区块内包含的内容计算而来。父区块的哈希值是对父区块进行哈希计算形成的固定长度的字符串，需要注意的是，按照哈希算法，用来计算的区块内容的任何改变经过哈希算法都会产生不一样的计算结果。也正因如此，父区块的哈希值对应了唯一的父区块内容，父区块体任何数据的改变都将使其后区块哈希值的指向变得非法。

默克尔树是基于区块内容数据通过哈希算法构建的二叉树，默克尔树的叶子节点是区块交易两两配对形成的哈希值，默克尔树用哈希值的方式反映了存储的交易账本信息。

区块链是多项技术综合运用的产物，其关键技术包括加密算法、共识机制、智能合约、点对点网络等。

加密算法是将要传送的明文数据经过加密算法进行转换，形成“密文”，只有在输入密钥后才能显示出原来的内容。通过加密算法，能够保护要传输的数据，防止数据被非法窃取和阅读。区块链中常用的加密算法有对称加密算法、非对称加密算法、哈希算法等类型。

共识机制是指区块链网络上的节点通过算法，就链上的交易信息进行验证和确认，对各个交易的顺序和内容达成共识，从而确保区块链节点上存储交易数据的一致性。常用的区块链共识机制算法包括工作量证明法、权益证明法、实用拜占庭容错法等。

智能合约是用计算机代码表示合约，能够在条件满足时自动执行的计算机程序，是传统合约的数字化形式。智能合约应用于区块链，可以使合约按照既定的逻辑被严格执行，执行过程中的数据真实、有效，执行结果可信且能够被永久记录。

点对点网络是区块链技术的又一个重要特性。点对点网络采用“去中心化”的信息交互方式，所有节点都是对等的网络参与者，既是使用者，也是服务者，任何节点都可以随时加入或者退出，单一节点或者少量节点发生故障时不影响网络的正常工作。

区块链是一个“去中心化”、公开透明的可信网络平台，具有数据可信、隐私安全、信息透明、系统可靠等特点。在区块链网络中，数据的传输和使用采用加密算法，经公钥加密传递的信息，只有拥有私钥的用户才可以读取，通过同态加密、零知识证明、盲签名等加密技术，使得只有相关用户才可以在其设定的权限内使用数据。基于区块链网络进行交易时，每个节点都以平等的地位发送和接收网络中传递的信息，交易发生时，每个节点都可以看到该笔交易的全部行为，交易完成后，网络上的节点通过共识机制共同维护一个统一的账本。区块链上的每个节点都以对等的身份维护一个本地账本，即便某个节点发生故障，区块链采用的崩溃容错技术也能够使系统整体的运行不受影响，确保整个区块链系统可靠运行。目前，区块链技术逐渐被人们认可，并在医疗、农业、环境等领域展开应用。

按照设计体系和应用场景的不同，区块链通常分为公有链、私有链和联盟链。公有链是任何人都可以参与的区块链系统，没有中心化的服务端节点，也没有中心机构对链进行管理，节点间按照事先约定的规则运行，共同构建基于信任的网络环境。私有链是不对外开放而只在组织内部使用的区块链系统，节点的加入和用户对数据的使用权限均由内部控制，并根据情况控制对外开放的程度。联盟链是多个相互了解彼此身份的组织构建的区块链，区块链仅对成员内部开放，通过授权进行管理和使用，非联盟链成员无法访问联盟链存储的数据。

4.6.1 区块链技术在文化产业中的应用

随着数字技术的发展和应用，我国的数字文化产业发展十分迅速，数字文化资源已成为我国文化产业资源的重要组成部分。在我国数字文化资源中，既有对传统文化内容进行数字化转换形成的数字内容，也有采用现代数字化手段进行创作而形成的数字内容，数字文化资源的形式包括文字、图片、音频、视频、软件等。

文化产品的数字化加速了文化内容的快速扩散，促进了文化产业的发展与繁荣。但与此同时，数字文化产品易传播、易复制的特点对互联网生态中的版权保护带来了困难。因此，互联网中数字文化产品的侵权现象时有发生。

数字文化产品维权难、举证难的困境对我国实现文化产业健康有序发展的目标产生了不利影响。区块链技术具有“去中心化”、公开透明、不易篡改的特点，将其应用于数字文化产品的版权存证和知识产权保护，将能够为数字文化内容的知识产权保护提供支撑，促进数字知识产品生产、交易、流转、分发、审计、溯源等环节的有序进行。

数字文化产品的生产方、运营方、使用方、公证机构等作为参与方，共同构建数字文化版权存证联盟链，将数字文化产品的生产、交易、使用等过程中的数据存储和记录在联盟链上。联盟链上的数字文化产品包含了该数字资产个体的权属信息、数据信息、知识产权信息、发行区域、价值标定等内容。数字文化产品被写进区块链账本后，联盟链上的用户能够通过系统平台查看、浏览、检索数据，获得该数字文化产品的相关信息。数字文化产品可以在注明的发行区域范围内进行交易，交易的信息被详细记录在联盟链节点上。联盟链上的节点通过采用时间戳、共识算法、分布式存储等技术实时更新链上信息，使链上不同节点存储的数据完全一致。联盟链上的公证机构作为链上交易的公证方，见证链上的交易和版权属性，对版权的转移出具具有司法效力的公证证明，联盟链上的运营方和使用方在交易和使用的过程中，可以随时查看和了解数字资产的版权属性。

近些年，采用区块链技术的数字藏品发展十分迅速。采用各种数字技术，以图片、音频、视频等形式呈现的数字藏品不断涌现，并借助区块链平台得到了广泛的传播、交易和展示。

目前，北京故宫博物院已创作并发行了以传统服饰为基础的漫画、以馆藏书画为基础的“名画复刻”、以名画为基础的音乐专辑、以宫廷百官为基础的人物形象、以宫廷色彩为基础的唇彩等多种主题的数字藏品，深受用户的喜爱。另外，中国东方演艺集团以舞蹈诗剧《只此青绿》中部分剧照和题词为题材创作和发行数字藏品纪念票，西安大唐不夜城以西安历史古建筑钟楼、小雁塔为原型创作和发行 3D 建筑模型数字藏品，云南大理以崇圣寺三塔为原型创作和发行 3D 崇圣寺三塔数字藏品，拉萨布达拉旅游文化集团以纳木错湿地生态美景为主题创作和发行湖、云、石、雪等视频片段类数字藏品，形式多样，各具风采。

作为数字资产版权存证管理的一种，区块链技术的应用为数字藏品的展示、发行、管理、交易、流通等提供了技术支持。目前，我国已诞生一批技术领先的区块链平台服务企业，数据显示，截至 2022 年 6 月，国内上线的数字藏品文化交易平台已达 681 家，包括鲸探、幻核、灵稀等。手机终端的鲸探数字藏品交易界面如图 4–16 所示。

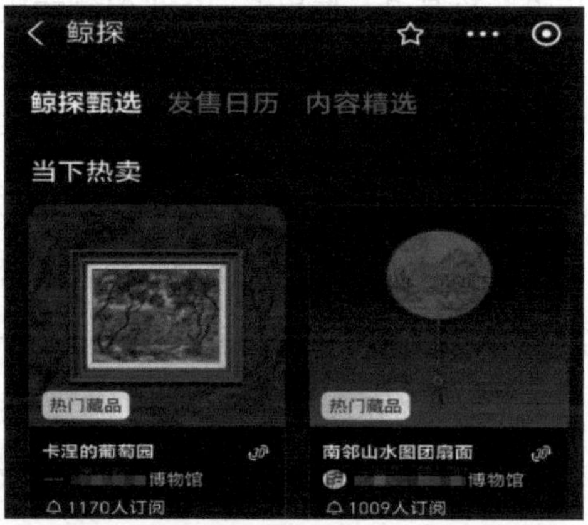

图4–16　手机终端的鲸探数字藏品交易界面

利用区块链技术构建数字文化产品的管理和交易平台，能够实现数字文化产品的版权登记、版权监督、产品展示、版权交易、数据存储、用户信息管理等功能，增强了数字文化产品流转过程中的透明性和可信度。

2021年3月，北京互联网法院运用“版权链—天平链协同平台”，对北京美好景象图片有限公司诉北京天盈九州网络技术有限公司侵害作品信息网络传播权纠纷作出了判决，实现了对数字资产侵权证据收集、责任认定和最终判决的快速处理。该司法实践大幅减少了传统司法处理手段需要花费的时间，极大降低了办案所需的人力资源消耗，为数字知识版权侵权案件处理提供了新的方法和应用模式。同时，该案例也表明，利用区块链存储数据能够确保数据的真实性和完整性，当数字文化产品侵权事件发生时，区块链能够在真伪鉴别、记录溯源、跟踪查证等方面为司法存证提供重要支撑。

在艺术品交易过程中，传统的艺术品交易模式存在诸多问题，不同来源的赝品、盗品等充斥着艺术品交易市场，鱼龙混杂、真假难辨。将区块链技术应用在艺术品的管理和交易过程中，能够为艺术品提供真实、有效、权威的数据信息，在确保艺术品价值的同时，保护交易的正常进行。

实际上，伪造实物、虚假交易在艺术品收藏、交易的各个环节一直都存在。当前，我国的艺术品一部分归国家所有，由各地的艺术品管理单位保管；另外一部分是民间的艺术品，归持有人所有和保管。转移艺术品时，往往依靠专家或者专业机构来判断艺术品的真伪，而当艺术品遗失或者被盗时，尚没有完备的手段对其进行确权。

艺术品的所有者可以将其所属的实物通过文字、图片、音频、视频等形式予以记录，通过人工智能技术提取艺术品的特征属性，并将其与权属者的身份证明文件、权限访问管理文件等一起进行哈希运算，形成唯一的哈希值，并存储在区块链上，哈希值可以作为对艺术品进行数据访问的数据指纹。当有用户对艺术品进行数据读取时，区块链将自动进行哈希运算以及指纹比对，如果比对成功，则证明访问的艺术品的信息源于真实的原件，没有发生改变。

交易艺术品时，购买方和售卖方的信息在区块链上通过监管系统进行验证，以确保双方信息真实有效。区块链上记录了买卖双方进行交易的时间、价格、双方身份、权属移交等信息，公开透明、不易篡改，买卖双方及其他机构或者用户可根据权限对相关信息进行核对与查验，全面、详细地了解艺术品真实的权属和流转信息，各方在健康、有序、可信的环境下顺利完成相关交易。

我国文化产业的发展离不开文化企业，文化企业在促进我国文化产业迅速发展的过程中发挥了重要的作用。近年来，随着互联网、数字技术的快速发展，中小型企业在文化产业的发展中的地位不断凸显，作用不容小觑。在文化企业的发展过程中，如果能够顺利并且快速地融资，将对文化企业快速成长与发展壮大具有重要的意义。而对于大部分中小型企业而言，组织经营管理落后、文化数字资产评估信息闭塞、与上下游供应链交易信息凭证不完整、过程记录不清晰、企业征信体系缺漏、财务数据失真等问题长期存在，这些问题对文化企业融资造成了不良影响。

将区块链技术引入文化企业融资过程，构建公开、透明、信任的评价体系，能够改善文化企业的管理水平，提高文化企业的融资效率和成功率。同时，也能够发挥金融资本利用与服务的最大效能。以融资企业、资产评估机构、金融单位、出资机构等为基础构建统一的融资区块链，将融资过程中的资产评估、融资额度、信用报告、借还款记录等信息流、资金流都记录在链上，采用加密措施保护数据，区块链建立通过授权的准入机制，链上各方可以根据权限查询和了解企业的资质和经营情况、历史借款与还款记录、信用情况、融资流转进度与交易等。

区块链的使用，使文化企业的融资过程具有公开、真实、客观、可信的数据支持，这对加快融资效率、保障融资资金的健康使用十分有益。

4.6.2 区块链技术在旅游产业中的应用

区块链采用“去中心化”的工作机制，没有中间环节，区块链的参与方在可信的网络中进行合作、交易。旅游产业包括食、住、行、游、购、娱等诸多方面，将区块链应用于旅游产业，能够在促进旅游经济发展、提升旅游体验、规范行业监管等方面产生重要的作用。

在旅游过程中，特色美食和良好的饮食服务已成为景区吸引游客的重要内容，也是游客体验当地风土人情的重要途径。在新农村建设的背景下，吃农家饭、购买生态食品已成为乡村旅游的重要项目。游客在旅行过程中，品尝当地的美食佳肴，既满足了口腹之欲，又获得了心理上的愉悦。游客还会购买旅游当地具有地域特色的食品，分享自己的旅行经历。商家也会将当地的特产和知名食品进行加工、包装，做成包装精美的商品，卖给前来消费的游客，既提高了当地旅游产业的知名度，也为当地的旅游产业增加了收入。

游客在旅游期间进行饮食消费时，食品安全往往是其首要关心的问题，能不能吃得安心、买得放心，直接影响着游客的游玩体验，也对旅行地的口碑和品牌形象具有重要影响。

将区块链技术应用于旅游行业的食品溯源，能够客观、有效、公正地为食品安全提供可信的存在证明，解决饮食消费过程中潜在的食品安全问题。

可以将食品产业链的原料提供商、生产商、经销商、零售商、物流企业、监管机构等部门进行联合，组建食品溯源区块链。运用物联网、RFID、跟踪与定位、云平台等技术，将食品的原材料信息、供应信息、包装信息、运输信息、出入库信息、检测信息等全过程数据按照时间顺序上链存储。链上数据通过非对称加密、哈希算法等加密算法保障数据真实准确，链上不同企业的交易通过智能合约和共识算法进行保障，使用单位或者个人根据授权或者签名验证查询相关信息。食品溯源区块链实时、共享、透明、安全的数据存储和访问方式为各方提供了可信的操作和使用平台。食品溯源区块链架构组成示意如图 4-17 所示。

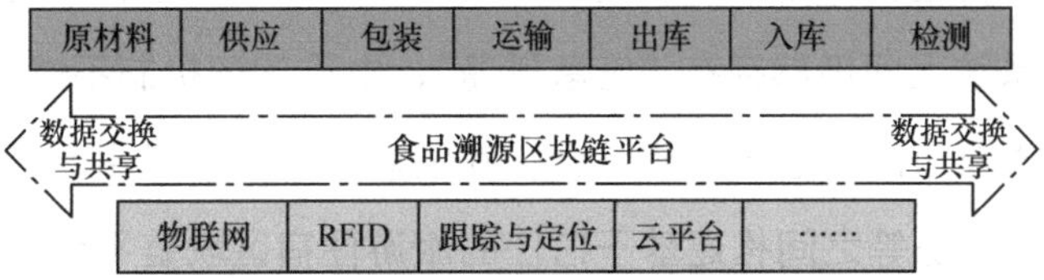

图4-17 食品溯源区块链架构组成示意

由于食品溯源区块链存储数据具有真实性，不易被篡改，因此，能够确保各方的信用，供应商、生产商、消费者、监督部门都能够通过食品溯源区块链了解原料供应、制作过程、生产分发、销售购买环节的详细情况。通过食品溯源区块链，出现食品质量问题时，企业能够及时发现问题，找到产生食品质量问题的环节和因素，精准召回相关产品，减少因食品质量问题对消费者造成的伤害，并降低对企业造成的损失。同时，通过基于区块链的食品溯源平台，消费者可以随时准确、详细地查询产品的原材料产地、生产厂家、加工过程、检查检验情况，增加对产品的了解度，维护自身的合法权益。

作为旅游产业的重要配套项目，我国的旅游住宿行业发展迅速，呈现较快的增长趋势，“五一”假期期间，多个城市出现了酒店住宿“一房难求”的局面。互联网和电子支付技术的发展为游客旅游住宿带来了极大的便利，游客可以通过计算机或者手机终端进行账户注册、信息登记、房型选择、支付预订，游客到达酒店后在前台进行身份核对，领取房卡即可入住，入住完成后还可以在网上进行点评，分享自己的住宿体验。

同时，随着大众旅游时代的来临，游客对旅行住宿体验的要求不断提高，当前的旅行住宿模式存在一些亟须改进的问题。

游客在进行旅行住宿预订时，向住宿预订平台提供了个人信息，而在到达酒店登记入住时，还需要再次进行个人信息的登记录入；游客曾在某一个住宿预订平台进行过个人信息登记和房间预订，切换到另外一个住宿预订平台进行房间预订时，则需要重新进行个人信息录入与核验；游客在景区内部的酒店进行了信息的登记、房间预订和住宿，而在进行景区门票购买时，还需要重新进行身份核验与登记。这些现象反映了当前不同的住宿预订平台、住宿预订平台与酒店住宿登记系统、酒店住宿登记系统与景区票务系统之间仍然存在“信息孤岛”，由于认证机制不够健全而互不相通。

将区块链技术与旅游住宿行业相结合，在酒店、住宿预订平台、游客、景区、公安、银行、工商、税务等之间构建基于信任的旅游住宿区块链平台，可以有效解决上述问题。

在旅游住宿区块链平台上，游客登记和录入的个人信息，宾馆、酒店、民宿等录入的房源信息，住宿预订平台的记录、转账交易都在链上存储，不易篡改。另外，游客住宿的开票信息，住宿预订平台企业的工商注册信息、税务缴纳信息也都存储在链上，旅游住宿区块链平台上的数据在使用方之间充分共享，各个参与方根据权限和身份签名实现对相关数据的下载和查看。

采用旅游住宿区块链平台，各方基于信任机制实现了数据在网络中的共享。游客在进行身份认证时，只需要填写一次内容，信息便可以在链上加密保存、共享使用，服务提供者在经过授权后，便可以基于服务和合规的需求对游客的个人信息进行访问。当游客和服务者需要进行交易时，通过智能合约及交易系统自动完成，结算和付款流程以完整、统一的账单形式存储在区块链上。游客可以对住宿的酒店进行评分或点评，评分和点评的内容也被记录在区块链上，进一步加固了旅游住宿区块链平台的信用基础，也对服务提供者后续的经济行为产生了一定的影响。

在区块链真实、有效、统一的数据支撑下，行业监管部门可以及时发现旅游住宿行业中的不规范行为，进而对旅游住宿过程中的各项行为进行规范、督查，保障各方的正当权益，确保旅游住宿市场井然有序、健康发展。

另外，旅游住宿区块链平台也为公安机关进行社会治理提供了技术支持。由于人员的相关住宿信息和活动轨迹都记录在区块链上，公安机关可将其与当前密切关注的违法犯罪人员的信息进行比对，根据比对结果，对相关人员的行踪轨迹进行查证，迅速开展人员追查、监视管理、案件取证等工作，提高案件的破获效率，进而对违法犯罪行为形成震慑。

得益于数字技术的发展，游客在旅游出行过程中，可以刷卡、刷码乘坐公交、地铁，刷（身份）证、刷脸检票乘坐高铁，ETC 车牌识别自助通行，出行方式简单、多样、便捷。但是，当游客在不同的出行方式之间进行转换，或在不同的地域乘坐不同的交通工具时，仍需要采用不同的 App 填写和上传信息，使用不同的小程序重新生成二维码。当游客在城市内部乘坐出租车、网约车出行时，拒载、绕路现象时有发生，对乘客的旅行体验、人身安全造成了困扰。

区块链技术也可在旅游交通方面得到广泛应用。利用区块链基于信任、数据共享、“去中心化”的技术特性，打破不同交通信息系统之间的壁垒，使城市内部或者区域范围内不同城市之间的交通数据实现互通，构建多方共同参与的交通信息区块链平台，不仅可以降低各方自建信息系统的费用支出，也可以发挥跨地区、跨系统交通的最大效能，为游客带来更好的出行体验。区块链在旅游交通中的应用示意如图 4-18 所示。

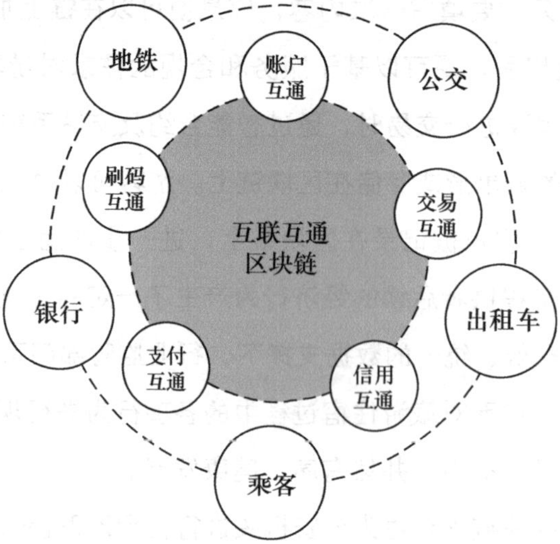

图4-18　区块链在旅游交通中的应用示意

采用交通信息区块链平台，域内不同的公交运营企业、轨道交通运营企业、出租车服务企业、网约车车主等接入互联互通的区块链后，通过参与方共享机制，可以实时共享游客的需求信息。游客只需要进行一次基本信息输入和线路规划，便可以在转换不同的交通公交方式时“一码通行”。银行则根据智能合约在不同方式的交通运送完成后自动扣款，相关数据真实有效，并在链上进行存证。

在乘客出行过程中，通过区块链技术，监督管理和交通运营企业可以掌握司乘人员及车辆注册的信息，同时结合定位信息实时了解车辆的行车轨迹数据，查看游客从上车至最终抵达目的地的全过程信息。由于区块链上每个区块的信息均不可被修改或删除，使得链上信息具有较高的可靠性，确保了驾驶员信息及车辆信息的合法准确。驾驶员的从业表现、评价积分、车况信息都在区块链上进行记录和标记，存储在信息库中以便随时查阅，有效保障了游客的出行安全。

由于区块链采用了分布式的记账方式，每个节点都记录着完整的账目，游客及相关单位与个人随时可以快速查询链上的信息。同时，公私钥结合的方式有效实现了对游客信息的保护。因此，采用区块链的各个运营服务实体不再需要单独建设一套完整的中心服务系统，各个服务企业通过标准的数据规范可实现数据的上链和信息传递，使建设和运营成本大幅降低。

随着信息化技术的发展，电子化的门票凭证、发票凭证在旅游产业中被广泛应用。电子票证的使用，为游客购票、景区售票与检票、商家发票开具与管理等带来了极大的便利。但在实际使用过程中也发现，游客通过不同的购票平台、不同的经营商户购买门票、商品时需要多次提供信息；购票平台根据游客提供的信息进行售票、出票，并不会对购买者的真实身份信息进行核对。

利用区块链技术构建基于信任的电子票证区块链平台，联通与共享游客、景区、商户、售票平台、税务、工商、市场管理、银行等部门的数据，将能够解决目前存在于电子票证使用过程中的一些问题。

在由各方共同参与的电子票证区块链平台上，购票者只需要录入一次信息，信息便可以在被授权使用者之间加密传输，信息使用者基于区块链实现对购票者身份的认证，简化了购票者与不同售卖方交易时反复的身份确认过程。

采用电子票证区块链平台，电子化的门票从生成、流转、交易、传送、使用等全过程都被加上独一无二的哈希值，区块链上的被授权者在对电子门票进行分销时，购买方和销售方基于区块链身份认证的信任机制进行交易，交易过程和电子门票的权属转移记录都在区块链上留下了完整的痕迹，随时可以追溯。

市场监督管理部门可以在电子票证区块链平台上查阅电子票务的销售记录情况，根据票务流转情况和销售记录对票务销售过程中的倒票行为进行查处，市场监督管理部门可将相关销售方的违法记录上传到电子票证区块链平台上，通过降低其信誉度的方式来限制其参与市场的行为。

区块链技术在规范商品售卖过程中电子发票的开具、使用和管理方面，也能够发挥其重要的作用。通过采用区块链，可以对电子发票的轨迹、数量、金额等进行精准的把握和追踪。一笔交易发生后，根据提前设置好的智能合约，系统将自动完成款项支付、缴税扣款，并生成唯一的电子发票代码，交易情况会自动记录在区块链分布式账本上，商品销售、货款转移、税费扣缴、发票开具实现了全流程、全链条的自动化管理，相关交易记录和流程在链上存档，随时都可以进行查询和追溯。

区块链技术在电子票证管理方面的应用，促使旅游消费市场从“信息互联网”向“信任互联网”的转变，这对于打造共享互认、诚信法治的新型旅游产业商品经营体系起到重要的推动作用。

4.7 数字孪生技术在文化与旅游产业中的应用

数字孪生技术指的是通过数字化的手段在信息化平台内构建与物理世界中一样的实体，通过对信息化平台中实体的监控、分析、研究，实现对物理世界中实体的了解、控制和优化。数字孪生技术由传统仿真技术发展而来，最初应用于工业技术和产品制造领域。

数字孪生技术的应用需要在本体和孪生体之间建立起全面的数字联系，数据能够在两者之间双向流动，物理世界的实体在数字世界得到了真实的映射。数字孪生的实现通常包括信息采集、网络传输、建模与仿真、可视化呈现等步骤。

信息采集是数字孪生的基础，通常由分布在物理实体各个部位的高精度传感器完成，作为最前端的感知设备，传感器为信息化平台中的孪生体提供了最基础的现场数据。

网络传输为物理运行环境和数字孪生信息化平台之间构建了快速可靠的数据通道，通过传输网络，数据能够在物理实体与计算机系统孪生体之间安全、快速地交互。随着技术的发展，物联网、行业现场网络、5G 网络等成为现场数据网络传输的新型通信形式。物联网具有多元化的数据采集能力，在万物互联的场景下，任何监控设备和传感器都能够通过物联接入成为现场数据采集与控制的组成部分；行业现场网络实现了现场设备之间、现场设备与外部设备之间、现场平台与外部平台之间的数据联通；5G 网络则为近端与远端间的数据提供了高速传输通道。

建模与仿真是数字孪生的核心技术。通过建模，物理世界的实体转化为数字世界中的模型。建模过程包括模型抽象、模型表达、模型构建、模型运行等步骤，通常借助 CAD、Matlab、Revit、CATIA 等软件实现。与传统的仿真不同，数字孪生的仿真强调的是物理系统对象与虚拟系统对象间信息交互的实时性，以及仿真过程中大数据、人工智能技术的应用，通过分析仿真过程中模型运行状况、机理、效果等，深化对物理系统对象的认识，进而在对物理系统对象进行优化和完善的过程中作出正确决策。

数字孪生的可视化呈现通过直观的数据展示优化了人机交互体验。借助可视化技术，数字孪生系统能够将复杂信息以图形化方式呈现，显著提升用户对系统信息的理解深度和应用能力，从而增强系统的应用效能和操作体验。

数字孪生的可视化呈现主要采用三维模型、动画和图表等形式。三维模型能够完整呈现物体、系统或过程的结构、形态及外观特征，用户可通过交互操作实现对数字孪生体的深入观察。动画则以动态形式展示研究对象的运行过程，实时反映其状态变化和相关参数。此外，柱状图、饼状图、折线图等统计图表可直观呈现数据特征，为分析研究对象提供量化依据。

数字孪生可分为组件（零件）孪生、资产孪生、系统（单元）孪生和过程孪生等类型。其中，组件孪生作为数字孪生的基础单元，多个组件共同构成资产；不同资产的有机组合形成具备完整功能的系统；而系统间的流程与协同则通过过程孪生得以实现。

数字孪生通过将物理世界的实体映射在数字世界，实现了物理世界和数字世界“双系统”的协同运行和实时交互，覆盖了研究对象从设计、生产、制造、运行、维护的全生命周期过程。

目前，数字孪生技术已应用在工业制造 4.0、智慧城市、航空航天、医疗健康、交通管理、生态保护等领域。

4.7.1 数字孪生技术在文化产业中的应用

数字孪生技术将物理世界的实体“克隆”成为数字世界的虚拟体，通过对数字世界虚拟体的测试、验证和探索，实现对物理世界实体的状态、特征、逻辑的了解和应用的创新。数字孪生技术应用在文化产业中，能够为文化产业的数字化转型带来重要的影响。

文化场馆是人们获取知识、举办展览展演的重要场所，文化场馆内部设备的正常运行，以及设备间良好的协同工作模式对营造舒适的场馆环境至关重要。数字孪生技术的应用，实现了建筑结构、设备装置、运行系统等实体要素及其动态参数的数字化映射，使运营人员能够通过数字孪生系统全面掌握场馆空间布局、设备状态、管线分布、系统运行及环境参数等关键信息，从而提升管理效能。

可以采用物联网、设备专网、Wi-Fi 等通信方式，实时采集并传输场馆内的能源消耗数据、设备运行状态及人员流动信息，在数字孪生系统中实现可视化呈现。通过能耗热力图等技术，可对场馆内部的能源消耗和人流分布情况进行动态监测与智能分析。在此基础上，数字孪生系统能够通过能源消耗分析和人流聚集态势研判，制定精准的环境调控策略，在确保室内环境舒适度的前提下，优化设备运行参数，实现系统低功耗运行，从而有效提升能源利用效率，达成节能减排目标。数字孪生系统应用逻辑关系示意如图 4-19 所示。

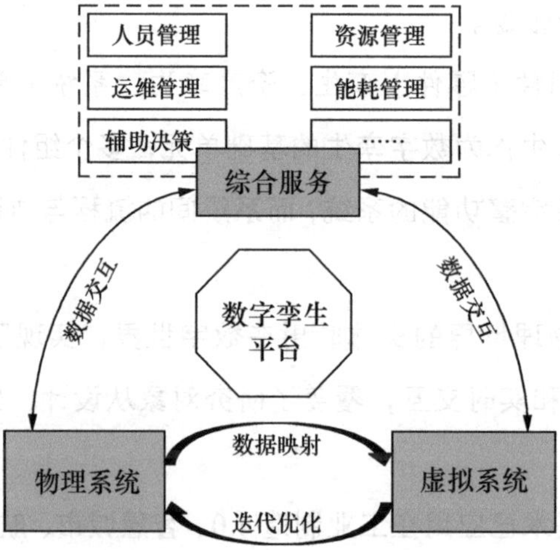

图4-19 数字孪生系统应用逻辑关系示意

数字孪生系统可实时获取设备的各项告警信息，通过采用大数据和人工智能技术对告警信息进行分析，自动生成故障修复策略。同时，当设备发出告警时，数字孪生系统能够智能联动故障告警发生地与距离最近的监控设备，让运行管理人员可以第一时间远程查看告警处的现场情况，掌握第一手的现场信息，从而加快故障修复速度，提高应急处置效率。

在文化场馆筹备重大文艺演出活动时，举办方要使不同位置的现场观众都能够观赏到演出。同时，要选取最佳的摄录角度，将现场最完整、最精彩的画面通过网络平台传播出去。另外，在活动举办过程中，后勤保障人员要全方位做好后勤和运营保障工作，确保活动的顺利进行。

数字孪生技术能够为文化产业活动提供良好的服务与支持。首先，可以将文化场馆通过数字孪生技术进行数字化“复刻”。然后，在虚拟的场馆中采用数字技术从不同的位置模拟观众进行观演，在模拟的过程中优化座位布局，从而避免活动正式开始后观众视线被遮挡的情况发生。在虚拟的数字孪生系统中，借助三维的文化场馆模型，视频录制工作人员也可以对摄录设备的布放进行模拟，确保在不影响现场观众视角的情况下，不断地模拟尝试、优化和调整，找到最佳的摄录设备布放位置和放置方法。

另外，在文化活动举办期间，现场闸机、门禁、监控、车辆管理等数据都实时传送到数字孪生系统，现场的运营保障团队在系统中能够实时监控人员进出、车辆动态、道路情况，当有突发事件发生时，通过现场反馈的各项数据，以及事发现场与监控视频的高度融合和场景联动，后勤保障人员能够高效、精准掌控现场事件的态势，实现快速响应、高效处理。

应用数字孪生技术可构建与实体图书馆完全对应的数字孪生体，能够使实体图书馆在虚拟空间得到全方位的数字化立体映射，以及对图书馆馆藏资源的数字化重构。

基于数字孪生技术，读者可以不受时空的限制，随时进入数字孪生图书馆，自行选择参观路线。数字孪生图书馆通过高精度三维建模完全复刻了实体图书馆的空间格局与陈设布局，数字空间里每件物品的位置、名称都与实体图书馆完全一致，并进行了电子化标记。读者可以在导览对话框中输入想要查找的场所名称，系统将根据读者输入的信息自动查询和定位，并在数字孪生图书馆中根据读者当前所在的位置自动规划路线。在数字孪生图书馆中，读者可以在线检索想要阅读的图书，实体图书馆的馆藏图书的位置被精准映射到了线上，当读者进行搜寻操作时，系统能够快速对图书所在的位置进行精准定位，规划路线，帮助读者快速找到需要的图书。

读者在实体图书馆进行日常图书借阅和使用时，读者的年龄、职业、学历、书刊借阅情况等数据都被映射到数字孪生图书馆系统中。通过综合分析大量读者数据，数字孪生图书馆系统能够获取不同读者类型的阅读兴趣和偏好，通过大数据和人工智能算法对其进行分析和预测，为其提供个性化服务。

数字孪生技术在文化产业的应用为博物馆文物展示注入了新的活力。通过三维数字复原技术对博物馆建筑空间及馆藏文物进行精准建模，不仅提升了观展体验，更使博物馆参观变得便捷高效。

游客可以不受时空的限制，在数字孪生博物馆内参观，也可以停下脚步，走近文物，近距离参观和欣赏。游客在数字孪生博物馆内观赏文物时，可以通过放大、缩小、旋转等交互操作，近距离观看和欣赏，在沉浸式观赏过程中感受文物背后的历史文化底蕴。

博物馆文物在搬运、储藏和展览过程中，容易受温度、湿度、光照等因素影响而产生破损、霉变和老化。采用数字孪生技术对文物进行三维扫描和建模，建立数字化档案，能够在历史文物遭到损害后借助数字技术手段进行复原，为文物修复提供科学依据。例如，可以采用三维扫描技术，对实体文物进行精细、立体、全面的测绘和建模，在数字空间构建实体文物的数字孪生体，将实体文物的每个图案、每条纹理进行精确复刻，并用数字映射的文物参加线上的文物流转和展览。这样既能够满足文物展览的需要，让观众用不同的方式更好地观赏文物，促进文化传播，又能够对文物实体进行有效的保护，即使在实体文物受损的情况下，也能够调阅基于数字孪生构建的文物资料档案，实现高效修复。

4.7.2 数字孪生技术在旅游产业中的应用

数字孪生技术为旅游产业提供了应用契机，并为旅游产业的发展带来了全新的发展机遇。将数字孪生相关技术与旅游产业的业务进行深度融合，能够促使旅游产业出现新的应用场景和应用模式。

基于数字孪生，实际旅游景区的外观及相关数据都能在数字孪生系统中得到映射。同时，大数据和人工智能技术在数字孪生系统内的嵌入式应用，也使数字化的旅游信息系统更加智能。

数字孪生系统为游客出行提供了多样的信息，对于想实地参观景区的游客，在出发前，通过数字孪生系统提供的影像、三维模型、热力图、信息表等，能够实时了解旅游景区内的人流密度、周边的交通状况、景区停车场的车位使用情况、旅游目的地的天气情况，以及景区未来几天的客流预测情况等。游客可根据查询的信息，结合个人的旅行喜好进行综合判断，从而更好地规划个人的旅游计划。

在基于数字孪生的线上旅游系统中，景区的地理空间数据被完全、详细地采集和映射，景区内各个景点的建筑结构，以及景区内部与周边的街道、河流、院落、房屋等都能够在线上旅游系统中精确呈现。游客可以通过线上旅游系统找到景点的具体位置并进行标注，根据游客标定的位置，线上旅游系统能够结合游客当前所处的位置自动规划路线，通过计算显示游客从当前位置到标定位置的具体行进路线。规划路线既包括高速快速路的区段，也包括市域、乡村的交通区段，还包括从景区外围到景点标定位置的详细交通线段。游客可参照系统规划的路线，选择最便利的交通工具和最高效的换乘方式，用最便捷的交通方式快速前往、顺畅抵达。

采用基于数字孪生技术的线上旅游系统，游客可以随时随地“进入”景区进行参观游览，甚至对于一些线下难以抵达的景区位置，游客也能够通过在线模拟、局部放大的方式近距离进行游览观赏。

在采用数字孪生技术的线上旅游系统中游览时，游客可以随心所欲地在任何感兴趣的景点进行参观。在参观过程中，基于内部存储的海量景区资料和数据，线上旅游系统可自动通过文字、图片、视频等方式将游客当前参观景点的详细介绍、历史故事、名人典故等推送给游客，让游客在参观的过程中详细了解景点背后的历史变迁，感受其中的文化内涵，提升参观游玩的广度与深度。

基于数字孪生技术的线上旅游系统集成了对游客人物画像的大数据采集与分析功能。在游客线上旅游的过程中，根据游客旅游的目的地和其当前所在的位置，线上旅游系统能够将当前景点具有鲜明特色的文创商品、独特的文化内容推荐给游客。游客可以在线选购或者在线观赏，商家收到线上游客的订单后，可以通过邮寄的方式将商品寄送给游客。

购买具有地方特色的商品，观看具有地方特色的线上文化内容作品，不仅深化了游客的旅行体验，还使旅游地的文化底蕴和形象品牌得到提升和推广，丰富了旅游业态，增强了景区的吸引力。

数字孪生技术在旅游产业中的应用还能够促使旅游景区的运营管理产生变革。在旅游景区内，对人流、车辆进行实时监控和疏导管理是维护景区良好秩序的一项重要工作。通过采用基于数字孪生技术的景区信息管理系统，景区现场的人流、车辆信息都可以反映在系统中，景区的运营管理人员能够实时了解和掌控景区人流、车流的行动轨迹和分布情况。在人流、车流较为密集的地区，运营管理人员可以通过流量控制、现场疏导、安全提示等手段进行现场管理，防止拥挤和安全事件发生。同时，在景区信息管理系统中应用大数据、人工智能算法，并结合景区及周边人流、车流的状态，以及票务的出售和游客入场情况，系统可以对景区人流、车流的未来发展趋势进行预判，并根据预判结果提醒和辅助景区的运营管理人员提前采取应对措施，稳定景区游览秩序。

在旅游旺季，景区内卫生间找寻困难、需要长时间排队等待成为一些景区频频出现的现象。通过应用数字孪生技术，景区内客流数据、卫生间位置信息、卫生间当前使用情况等都被汇集和反映在景区信息管理系统中。景区信息管理系统根据收集的数据，以及游客当前的位置信息，采用人工智能算法，主动及时地将当前的卫生间使用信息发送给游客，根据游客需求告知距离最近的卫生间的位置。同时，根据监控到的卫生间的使用信息，景区运营管理人员可以通过增加人力、扩充服务手段、增加清扫频次等方式提升服务效率，为游客提供周到和贴心的服务。

基于数字孪生的景区信息管理系统还能够根据景区现场接入的各种物联网数据，为景区的日常运行、监测和维护保驾护航。

景区的监控、广播、门禁、照明、空调等设备、系统、管线的状态都实时呈现在景区信息管理系统中，运营管理人员能够实时掌握各个设备、系统、管线的位置和当前状态，以便发生故障时能够及时安排维修与处理。景区信息管理系统还可以根据当前的天气情况、景区内不同位置、不同区域的客流情况，在智能化策略的控制下实现照明、喷水、通风、空调等机电配套设备的自动化运行，在保证游客旅游体验和舒适度的同时，自动节能降耗。

在一些拥有自然景观的景区，受天气、地质因素的影响，安全事故时有发生，为此，通常采用物联网技术对可能发生灾害的区域进行监测，监测到的山体、地质、水位等数据被实时传送到景区信息管理系统。景区信息管理系统可以根据当前采集到的实时数据、相关位置的历史数据，以及当前和未来的气象数据，通过智能分析，对未来可能发生的安全风险进行预判。同时，根据预判结果及时通知和提醒景区运营管理人员提前做好人员疏导和限制进入措施，防止安全事故发生。

数字孪生技术在旅游景区的应用，也为自然灾害发生时现场的应急指挥管理提供了支撑。当景区有危险事件发生时，景区结构的全貌、现场人员的流动、门禁与消防设备的状态、重要区域的视频都能够在应急指挥中心系统中得到统一、实时的展现，应急指挥管理人员可以基于系统全方位地了解当前的发展态势，综合各方面的数据和信息进行指挥，从而及时、有效、快速地开展各项疏散和救援工作。

4.8 虚拟现实与增强现实技术在文化与旅游产业中的应用

虚拟现实指的是利用计算机技术对物理现实进行模拟而生成的一种三维、立体、能感知、可交互的仿真环境，用户能够在虚拟的仿真环境中进行多维感知和交互，并获得类似现实的逼真、沉浸式感受。

增强现实则是通过计算机仿真和模拟的方式将虚拟信息内容叠加到现实世界之上，实现虚拟内容对现实世界的扩充，从而使用户能够获得超越现实的应用和感官体验。

虚拟现实和增强现实技术改变了现实世界与虚拟世界的交互方式，创造了虚拟结合的人机交互环境，并成为当下元宇宙科学研究的关键性技术之一。

虚拟现实和增强现实的关键技术包括环境建模技术、立体显示技术、多维感知与交互技术、系统集成技术等。其中，环境建模技术通过采集和获取实际环境的三维数据，并根据实际需要建立虚拟环境中的物体和环境的三维模型，实现现实世界在数字世界的数字化转换。立体显示技术根据人眼的立体视觉原理，通过光学和投影成像，使图像的层次、位置、纵深等都能够被人眼所感知，从而使物体的图像和内容得到更全面、更详细的呈现。多维感知与交互技术通过采用动作捕捉、眼动追踪、嗅觉感知、触觉反馈、语音交互、脑机接口等方式使计算机与人体之间能够通过各种方式相互传递信息，实现自然交互。系统集成技术是根据应用和功能的需要，将虚拟现实和增强现实中使用的不同系统、不同设备、采用的不同技术组合成一个统一的有机整体，使彼此协同、相互关联，共同构成协调的系统。

交互性、沉浸性、想象性是虚拟现实技术的主要特点。用户在虚拟环境中，眼之所见、耳之所听都与现实环境中的一样，若真若幻、真假难辨，在三维立体的虚拟世界中享受身临其境的沉浸式体验。另外，在虚拟环境中，用户还能够看到现实世界中看不到的事物，通过感性体验和理性思索，启发思维、萌生创意，使认知范围和想象空间不断得到拓展。虚拟现实的特点如图 4–20 所示。

图4–20　虚拟现实的特点

增强现实技术的主要特性体现在虚实结合、实时交互、三维注册等方面。

不同于虚拟现实，增强现实形成的是一种虚实结合、相融共生的场景，将虚拟影像应用到现实世界中，使现实世界中的信息和虚拟世界的信息相互叠加、补充，从而形成了更为全面、更加具体、更为逼真的新情景。

增强现实需要及时采集现实世界事物的信息，并在与虚拟信息合成后快速反馈给用户，带来虚实相生、所见即所得的应用效果，实时、快速的交互确保了相关应用的顺利实现。

增强现实技术在对物理影像进行增强时，需要将虚拟信息和真实信息在空间位置上进行校准，形成相互对应的三维坐标信息。三维注册通过采用计算机视觉、硬件传感器、混合注册等方法实现了虚拟信息与真实信息的位置对应，使虚拟事物与现实世界事物无缝融合，确保增强现实技术的应用最终能够达到较好的呈现效果。增强现实实现原理示意如图 4–21 所示。

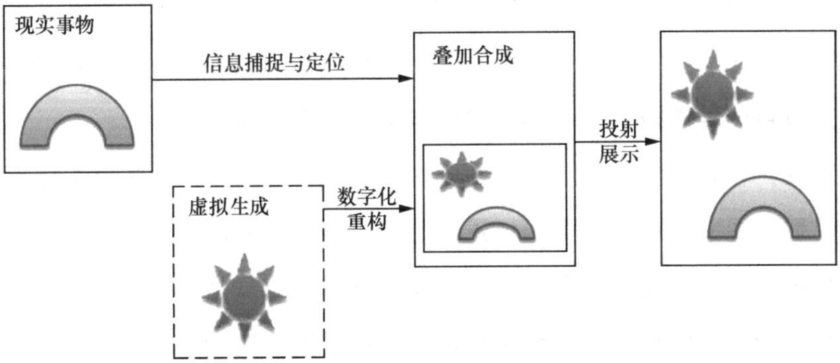

图4–21　增强现实实现原理示意

虚拟现实和增强现实技术模拟并拓展了现实世界的真实场景。通过采用虚拟现实和增强现实技术，工程技术人员能够在虚拟环境中开展更多的模拟实验和应用，用户则能够在虚实相生的环境中获得更多元、更丰富、更有趣的沉浸式体验。目前，虚拟现实和增强现实技术已在工业制造、影视娱乐、航空航天、教育培训、健康医疗、展示导览、可穿戴设备等领域逐步展开应用。

4.8.1　虚拟现实与增强现实技术在文化产业中的应用

随着互联网技术的发展，数字图书馆已成为当下获取书刊资源信息、办理书刊借阅的主要形式和手段。与传统的实体图书馆信息查询和借阅方式相比，数字图书馆具有书刊资源存储更丰富、知识展现形式更多样、图书检索更简便、信息传递更迅捷、资源利用效率更高、用户互动性更强等优势。虚拟现实、增强现实等概念的提出和相关技术在图书馆领域的应用，为图书馆在数字空间创造了新的应用场景。

虚拟图书馆提供了三维虚拟的可视化空间，实体图书馆的建筑结构、楼层、走廊、书架、书目等内容都在虚拟空间里呈现，用户可以通过佩戴 VR 眼镜看到图书馆的全貌，也可以通过交互操作进入虚拟图书馆，在其中自由参观。虚拟图书馆精准还原了实体图书馆的内外部实景，无论是入口处的花盆、木质地板、墙面装饰画，还是过道旁的阅览桌椅，都实现了 1:1 的高度复现。该系统通过 360° 全景视觉影像技术，为用户提供无视觉死角的沉浸式体验，确保用户在虚拟空间移动时能够完整感知周围环境。操作界面支持楼层与图书分区的智能选择，基于虚拟现实和增强现实技术的系统可即时完成目的地切换，并在用户界面快速呈现目标场景。

通过将用户当前的位置信息与虚拟图书馆的信息叠加，增强现实技术能够实现用户现实位置与图书馆虚拟环境的场景融合。在虚拟图书馆中，用户可以从当前所在位置多角度查看四周环境，了解图书馆的建筑结构、馆藏信息、内部格局，通过语音输入查找想要参观的区域，根据系统提示查看从当前位置到达目的地的规划路线。

在虚拟现实和增强现实技术构建的虚拟环境中，通过物联网技术与室内定位系统的协同应用，可实现对馆藏书目的精确定位。系统基于硬件传感器或视觉定位技术实时采集用户位置信息，并将这些信息与图书馆三维地图及空间模型进行动态叠加，从而为用户提供智能化的书目查询与借阅服务。当用户通过语音输入目标书目名称时，系统可即时检索并生成从当前位置到目标书架的最优路径，该路径信息将以可视化方式呈现在用户终端屏幕上，引导用户快速抵达目的地。

虚拟现实和增强现实技术使馆藏书籍的呈现不再只是一行文字或者是一幅封面

图片，通过采用三维建模和渲染，馆藏的书目资源将以立体化的形式得以展现，用户不仅能够看到书籍的名称、封面、作者等信息，还能直观感受书籍厚度、开本尺寸、包装细节，从而增加阅读和购买的兴趣。

在虚实结合的场景中，与书刊内容相关的视频、图片、文字、立体模型都能够与用户正在阅读的书刊相结合，并在终端上呈现，不仅可以丰富书刊的内容，也能使用户沉浸于异彩纷呈的知识海洋，获得丰富的知识营养和美好的阅读体验。虚实结合呈现立体多维的学习场景如图 4-22 所示。

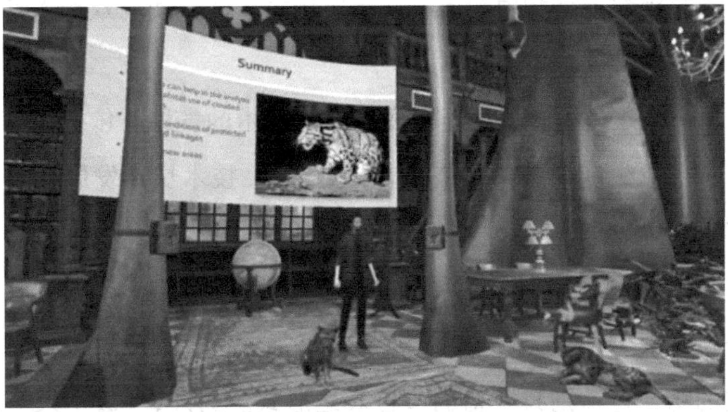

图4-22　虚实结合呈现立体多维的学习场景

基于虚拟现实和增强现实技术能够为用户提供各种类型的阅读场景，用户可以根据个人爱好选择阅读场景，且可以布置或者选择具有个性化和更有阅读氛围的空间，在虚拟化的草地上、河流旁、树荫下、月光下等不一样的“场所”中享受阅读带来的别样感受。

在文艺节目演出中，舞台布景是构成剧情环境实体和演出视觉形象的重要组成部分，在营造演出节目气氛、辅助演员表演、揭示剧本内涵等方面具有十分重要的作用。传统的舞台布景需要使用实体物料完成布景，不仅需要各种类型的装饰材料，而且场景切换、道具拆装都需要较长的时间，使用起来耗时、费力，效率低下。另外，人工布景的方式所营造的效果也可能比较简陋、粗糙，距离剧情中描写的情景相去甚远。

虚拟现实和增强现实技术在舞台演出和节目制作布景过程中的应用，将使传统的文化和文艺舞台演出布景方式发生重大变革。

采用虚拟现实和增强现实技术后，舞台演出和节目制作的布景设计均通过计算机软件完成，无须搭建实体场景。节目表演所需要的各类场景，都能够通过技术手段进行虚拟化构建，设计的场景不仅可以单独展现，也可以与节目表演剧情合成展现，进而在舞台灯光、音响、视频、图像、文字等多种方式的综合应用下搭建多维而真实的舞台情景。在虚拟现实和增强现实技术的加持下，山川河流、彩虹浪花、奇花异草、沙漠森林等景象奇观都能够和舞台人物、情景融为一体，使观众融入其中，感受到沉浸式的视觉效果。

随着计算机三维建模、人工智能及多媒体等技术的发展，依托模型绑定、动作捕捉、语音合成、形象生成与渲染等技术，“数字人”技术快速发展，并逐渐在文化领域进行多元化探索。

在文艺节目制作和演出时，应用虚拟现实和增强现实技术可以把“数字人”打造成节目的一部分，甚至成为表演的主角，单独或者与真人共同演绎文艺节目，通过虚拟与现实的结合打造别具一格的节目表达形式。另外，“数字人”还可以在表演的过程中与观众互动，用新鲜和独特的个性特点调动观众的情绪，营造出更具特色的演出氛围。例如在 2023 年的跨年晚会上，一些电视台采用增强现实和三维投影技术，将某位已故歌手的形象用数字化的方式投影到舞台上，一颦一笑、一举一动都让观众感觉仿佛其又回到了现实世界，虚拟的明星与现实的歌手一同在舞台上演唱怀旧金曲，耳目一新的场面使观众在悠扬旋律中沉浸式追忆往昔的流金岁月。在 2023 年杭州亚运会开幕式上，由全国各地超过一亿名“数字火炬手”汇聚形成的手持火炬的“数字人”跨越钱塘江，在亚运会主场馆和最后一棒火炬手一同点燃亚运会主火炬，打造了亚运史上首个“数实融合”的点火仪式，引起了广泛的关注和热议。

应用虚拟现实和增强现实技术还能够实现对文化古迹的技术性复原和修复，使其重现历史原貌。

虚拟现实和增强现实技术通过三维建模、交互映射、跟踪与注册等核心技术，将现实场景在虚拟世界进行重构和更新，而虚拟世界的场景也能够通过信息叠加反映到现实世界中。通过三维重构和模拟，文化古迹的形态特征、结构、纹路等信息都能够在数字系统中得到重现，当文物古迹破损时，借助历史数据和资料，可以在数字系统中对文化古迹进行数字化复原，使其重现原本样貌。同时，通过定位和三维注册技术，数字化的文化古迹还能够被“放置”到原来的位置，从而使虚拟影像与实体古迹实现无缝融合。

虚拟现实和增强现实技术的应用打破了时间和空间的壁垒，使用户能够再次欣赏到文化古迹消逝前的原始样貌，进而更好地了解历史，提升观赏感受。同时，通过数字技术构建的文化古迹虚拟映射，修复工作者也能够根据其显现的轮廓和细节，进行技术性的修复和重构，保护文化古迹。

传统的美术作品在创作与观赏时，无论采用线上还是线下的方式，美术作品通常是以二维、静态的方式呈现，作品创作和观赏是作者与作品、作品与观众单向的信息传递和表达。将虚拟现实和增强现实技术与美术作品的创作和展示相结合，综合运用三维建模、人工智能、全息投影、交互技术等手段进行美术作品的创作和展示，能够打破创作者、观赏者、美术作品之间的界限，让创作者和观赏者成为作品的一部分，与美术作品所描绘的人物互动，产生思想的融通和情感的共鸣，从而带来“穿越时空”的新领悟、新体验。

在虚拟现实形成的绘画环境中，画师可以戴上 VR 设备，选择不同的画笔、运用不同的色调，以空气为画布，手持遥控设备自由地描绘人物、风景、图案、物体，以三维形式呈现并存储在 VR 系统中，线条与图案交错或重叠，绘制的人物、景色鲜活且生动。

博物馆为虚拟现实和增强现实技术的应用提供了理想的使用场景。通过将虚拟现实和增强现实技术与博物馆相结合，可以在数字化虚拟环境中完整复现实体博物馆的建筑结构、空间布局、展陈设计及藏品形态。借助虚拟现实或者增强现实终端设备，用户能够可以随时进入虚拟博物馆参观游览，根据个人兴趣选择不同楼层和展区，并通过 3D 导览路线、语音导航或“数字人”引导精准抵达目标位置。当参观结束后，虚拟博物馆系统会智能规划返程路线。这种虚拟游览模式突破了时空限制，避免了现场排队和人流拥挤的问题，显著提升了参观体验。

在虚拟博物馆中，馆藏文物的摆放、陈设都与实体博物馆一致。同时，利用全息成像、3D 虚拟场景建造、沉浸式场景交互、全景多声道等技术，构建虚拟化、超现实的展览场景，用户可以在虚实结合的场景中获得更多维度的沉浸式体验。在虚拟现实和增强现实技术构建的环境中，通过在终端设备上的操作，用户可以隔空“把玩”文物，全方位、多角度了解文物的信息，也可以通过放大、缩小的操作，观察文物上的印字、纹路、技法，在图片、文字、声音等形式的辅助讲解中详细观赏和探索文物的历史底蕴。

虚拟现实和增强现实技术的应用为博物馆文化资源的传播和远程教育开辟了新路径。在虚拟现实和增强现实技术的支持下，博物馆可以被“装”进虚拟现实或者增强现实的终端设备里，所有的馆藏信息、文物资料都可以在终端设备中呈现，用户可以不受时间和地域的限制，随时随地参观、学习。

在虚拟博物馆里，用户无论身处何处都可以近距离观看恐龙的骨骼，走进三星堆博物馆，了解黄金面具、青铜神树背后的精彩故事，增长知识，进行沉浸式观赏。用户在虚拟环境中参观时，还可以一边学习、一边交流，答疑解惑、分享心得，在逼真、浩瀚的文物海洋中获得真实的学习体验，以及更多相关知识。

4.8.2　虚拟现实与增强现实技术在旅游产业中的应用

随着网络、软件、大数据等技术的发展，以及其在旅游产业中的应用，人们能够通过互联网轻松获取旅游出行的相关信息，了解旅游目的地的风景与特色。虚拟现实和增强现实技术能够提供数字世界的虚拟场景，将其应用在旅游产业中，可以为人们带来不同于线下实地游览的新鲜体验。

虚拟现实和增强现实技术为现实中的景物提供了全新的展现方式。通过 720° 全方位立体拍摄和三维建模，可以做到房屋、街道、河流、草木、古桥等与现实中完全一致，房屋建筑拥有同样的风格造型，街道上石板路的缝隙清晰可见，河中的水流湍湍向前，道旁的草木随风摇动，夕阳下的古桥美轮美奂。此外，在数字化的虚拟场景中，还可以采用三维技术手段构造和叠加动物、人物的形象，动物在河边道旁嬉戏玩耍，游客在街道上自由漫步游览，虚拟和现实密切交融。

游客戴上虚拟现实和增强现实终端设备，可以自由地选择旅游目的地，不用亲自踏上遥远的路途、在拥挤的人群中止步不前，即使待在家里，也能游览万里之外的大好河山。

例如，游客可以通过操作快速切换，置身于青瓦深巷、烟波浩渺的江南水乡。游客还可以选择在虚拟场景中登顶华山，在险峻的山顶感受华山的磅礴气势，在听觉、视觉的共融过程中体验悦耳的风声、山顶的景色。

在我国悠久的历史中，一些知名的建筑、园林、自然景致早已消失在历史长河里，而随着社会现代化进程加快，一些传统的旅游生态、历史遗迹也渐渐被遗忘或破坏。将虚拟现实和增强现实技术应用于历史遗迹的再现、修复和复原，能够使游客观赏消逝在历史长河中的光彩。

基于现存的历史遗迹的相关文献、地理图纸、流传照片等资料素材，可以精准还原历史遗迹的地理布局、建筑结构、样貌、组成、形态、内部装饰等，通过数字技术完成平面图绘制，然后运用专业软件进行 3D 建模、渲染、VR 转化，并对细节进行完善，使历史遗迹重现在虚拟的数字系统中。游客可以通过佩戴智能装备进入虚拟场景中，穿越时空，沉浸式体验历史场景。

在人类社会城市化和现代化的变迁过程中，一些历史遗迹受到不同程度的破坏，根据历史文献、资料，结合现场勘察、测绘，采用三维建模和数字化生成技术，可以在计算机系统中精准重构遗迹被损毁前的原貌。同时，借助摄像定位和全息投影技术，可以将计算机系统生成的虚拟影像叠加到现实场景中，实现现实场景与虚拟场景无缝集成，再现历史遗迹的完整样貌。

圆明园是我国历史上著名的皇家园林，然而因为历史变迁，如今只留下大片断壁残垣。为了重现圆明园的历史风貌，我国在 2009 年便启动了圆明园的数字复原工程，研究团队挖掘史料、搜集遗存图纸、现场实地测绘查勘，经过仔细研究、精细梳理，逐步复原出了圆明园完整的建筑结构和内部陈设。之后，又通过构造3D建模、场景渲染、数字化处理等系列操作，最终在虚拟世界重现了这座“万园之园”。如今，依托虚拟现实、增强现实、交互体验等技术手段，圆明园的数字复原工程已实现了多种应用场景的落地，为游客带来新鲜生动、可触可及的体验。

4.9 电竞动漫与数字内容生产在文化与旅游产业中的应用

电子竞技指的是利用电子设备作为运动器械，进行人与人之间智力与体力对抗的竞技活动。电子竞技由电子游戏发展而来，却又不同于电子游戏，“电子”和“竞技”是电子竞技运动的两个主要特征，“电子”指的是电子竞技采用的方式和手段，即需要借助以信息技术为核心的各种软硬件来完成，“竞技”表明了电子竞技运动的本质是对抗性的比赛。2000年，世界电子竞技大赛（World Cyber Games，WCG）的成功举办标志着电子竞技在全球迈入了新的发展阶段。2003年，我国正式将电子竞技列为体育竞赛项目，2018年雅加达亚运会上，电子竞技被列为表演项目。2020年，亚洲奥林匹克理事会宣布电子竞技项目将成为2022年（实际举办时间为2023年）杭州亚运会的正式比赛项目。

动漫是动画和漫画的合称。动画与电影、电视类似，均基于人眼的“视觉暂留”原理，通过以特定速度连续播放静止画面，使前一画面的视觉残像未消失时呈现下一画面，从而形成动态连续的视觉错觉。目前，我国动漫产业发展迅速，产出了一系列具有鲜明民族风格的作品，《小蝌蚪找妈妈》让我国独有的“水墨画”动了起来，中国神话动画片《宝莲灯》讲述了沉香历经磨难拜师学艺拯救母亲的故事，电影《哪吒之魔童闹海》更是获得超过153亿元的票房收入，为我国动漫行业的发展树立了新的典范。

数字内容生产指的是运用信息化和/或非信息化手段，基于可进行数字化制作、存储、流转和使用的文字、图像、语音、影像等内容进行生产与制作的过程。数字内容包括数字软件、数字视频、数字游戏、计算机动画等诸多内容。

数字内容生产以信息内容为主要原料和产出，是数字经济时代战略发展的重要环节。数字内容生产的主要特征就是内容的数字化，内容的存储、传递都采用数字化的方式进行。同时，数字内容还具有较高的知识附加值，可以反映一个国家或地区的文化特质、制度特征、民族特色、地域风情及思维方式等内涵，因而数字内容也具有深厚的文化符号和文化载体属性。

目前，我国数字内容生产产业链持续完善，数字内容生产效率和规模显著提升，数字内容生产行业呈现蓬勃态势。此外，数字内容衍生的创意产品产业链也在不断扩展，逐渐形成了线上内容与线下商品良性互促的新发展格局。

4.9.1 电竞动漫与数字内容生产在文化产业中的应用

随着信息技术的不断发展和升级，电竞、动画、漫画已不再是简单的娱乐载体，其承载的文化内容正不断丰富和深化，电竞产品、动漫作品作为一种新兴的文化形态，其社会影响力日益增长。将电竞、动画、漫画及其他数字内容生产技术与文化产业相结合，对于扩大文化内容传播范围、提升文化品牌影响、丰富文化产品类型具有重要而独特的意义。

电竞通常以赛事形式开展，因此，电竞与文化的融合也可以从电竞产品的创意与设计、电竞赛事的宣传与举办两个层面进行。

在电竞产品的创意与设计方面，可以与我国的文化内容、文化精神、文化符号进行融合应用。

游戏中的人物角色可以是历史上存在的人物原型，也可以是现代或历史文学作品中的人物，还可以是体现国家民族思想与文化精神的虚构人物。游戏中人物的服饰、发型可以是历史上某个时期的样式，也可以是当代流行的款式；既可以反映社会真实现状，也可以体现未来科技概念。

游戏中场景的设置可以是江南园林、古风寺庙，也可以是西北荒漠、城市村落。既可以根据历史故事进行情景再现，也可以基于文学作品中的某个情节进行真实重演，甚至可以构建超现实的虚拟世界体验。在游戏过程中，可以将具有鲜明文化特色的音乐融入其中，使用古筝、编钟、琵琶、笛子等传统乐器，根据情节发展的需要，时而温婉、时而豪迈，让玩家在剧情、画面、音乐的配合下获得更加沉浸的体验。

在电竞赛事的宣传与举办过程中，文化内容的融入不仅能够让优秀的传统文化得到发扬，同时也能够为赛事增添特色。

在电竞赛事的前期宣传阶段，可将赛事中的场景、人物及背景与电竞所承载的文化内涵相结合，融入宣传图片、海报及视频中。通过赛事内容与文化元素的联动呈现，既能推广赛事，又能传播文化。这种宣传方式既能吸引观众关注赛事，又能深化文化认同，通过赛事叙事传递文化价值，进而激发更多人的兴趣和参与积极性。

电竞赛事举办过程中，电竞选手根据游戏角色分工协作，团结一心，与对手团队在网络空间展开智力与体力的较量，通过激烈的竞技对抗决出胜负。线下活动中，赛事组织者可结合游戏元素与文化内容，在热门区域举办非物质文化遗产展览、主题演讲，以及兼具趣味性与文化性的互动体验活动，实现线上线下联动，打造文化传承与电竞融合、协同发展的精彩赛事。

动画、漫画作品通过形象、生动、多样的视频或者图画诠释了丰富多彩的故事情节，塑造了各具特色的人物形象，并对受众的思想观念、价值标准和行为方式产生影响。丰富多样的动画和漫画作品拥有广泛的受众群体，不同年龄、性别、种族和地区的观众都能从中找到适合自己的内容，在观看的过程中开心一笑，娱乐消遣，或是受到启发，触动心灵。动画、漫画独特的表现形式和魅力受到越来越多人的喜爱和关注，已逐渐成为文化产业中内容呈现的重要形式和组成部分。

动画、漫画深受广大观众的喜爱，而通过作品展现我国的历史文化底蕴、传递主流价值观是重要原因。将动画、漫画创作与文化进行深度融合、创新、应用和展现，不仅能够使我国的优秀文化得到发扬，同时，还能够促进动画、漫画产业得到良性发展。

文化在动画、漫画中的呈现方式多元。例如可以将文化元素和文化符号融入动漫作品中，也可以将传统的文化故事通过动漫作品的形式展现，还可以通过动漫作品彰显我国的民族精神文化。

在进行动漫作品创作时，人物角色、服饰着装、动作特征都可以按照故事所处历史时期的特征进行设计，动漫作品中的故事背景应充分体现我国的建筑特色、民族特色、饮食特色、民俗风情。例如，我国不同地域劳动者的着装存在差异，南方和北方拥有不同的住宅风格，各民族拥有独特的节日活动，不同地区的饮食风格迥异，将这些富有鲜明特色的文化元素融入动漫作品，不仅丰富了作品内容，加深了观众对传统文化的认知和记忆，也增强了动漫作品的文化底蕴和艺术魅力。

我国悠久的历史长河中积淀着众多历史故事，这些故事承载着古人丰富的智慧，源远流长，代代相传。它们在带给人们娱乐的同时，也让人不断获得启迪，汲取知识，受到教育。在文化故事与动漫作品结合的过程中，创作者将文化故事的情节转化为动漫作品的叙事内容。根据受众特点，创作者可采用夸张手法对语言、动作进行改编，创新故事细节，使作品内容更加饱满且富有吸引力。例如《西游记》《哪吒闹海》等动漫作品被搬上银幕，让观众获得不同于书本的新体验；动画电影《白蛇：缘起》的创作者既尊重经典又不拘泥于经典，通过丰富的想象力向观众展现了主角的结缘过程，使观众对故事有更全面的理解。

一部动漫作品能够被观众广泛喜爱，除了生动的形象、丰富的色彩、动人的情节，更重要的是动漫作品所体现的内核精神，而这种精神植根于中华文化，能够使观众在观赏过程中产生强烈的情感共鸣和思想共振。因此，提取中华文化蕴含的精神，将其通过动漫产品加以呈现，不仅能够提升我国动漫产品的艺术水准，也能更深刻、更持久地传播我国民族文化的理念和价值观。

如今，随着信息技术和网络技术的发展和应用，数字内容的生产和传播方式日趋多样化，数字出版、数字阅读、网络文学、网络游戏、数字音乐、数字长视频、数字短视频、网络直播等数字内容生产方式各具特色，在不同领域通过不同形式，形成了丰富多彩的文化内容。

数字出版是指采用数字技术进行内容的编辑、加工和生产，并通过互联网进行数字内容产品的传播，其产品形态包括电子图书、数字报纸、网络地图等。数字出版的内容生产方式提高了电子读物的出版效率，降低了出版成本，使读者能够通过更加便捷的方式获取喜欢的读物。数字化的内容生产方式也使读者的阅读方式由纸质阅读转向采用电子设备的数字化阅读。读者不再需要携带厚重的纸质书籍，只需要随身携带电子阅读设备，便可不受时间和空间的约束，随时搜索和阅读各种喜欢的书籍。

网络文学是在网络技术发展过程中，采用计算机创作，并在互联网上发表和供用户阅读的一种新型文学样式，网络文学的内容形式包括诗歌、散文、小说等，其中最具代表性的是网络小说。目前，网络文学已成为文化传播的重要形式，并成为大众阅读的主要组成部分。

网络游戏又称在线游戏，玩家通过游戏客户端和互联网实现信息交互，包括采用计算机终端操作和采用移动终端操作两种方式。网络游戏可以缓解人们工作和学习上的压力，促进同龄人之间的交流，并锻炼手脑协调与快速反应能力。但网络游戏也容易使玩家沉迷，尤其对于青少年，需要对其游戏时间和参与程度进行引导和控制，使其在享受游戏乐趣的同时避免过度沉迷。此外，网络游戏与文化的融合方式既能提升游戏价值，还可以推动我国传统文化的传播与弘扬。

相较于传统音乐，数字音乐具有成本低、效率高、传播快等特点，数字音乐的不断创新和发展为我国文化产业的诸多方面都带来了便利和机遇。在创作数字音乐时，文化元素的融入为数字音乐的旋律呈现和内容表达提供了更多可能性。

在数字音乐的旋律设计方面，通过将我国民族乐器元素和传统戏曲元素融入数字音乐的创作中，数字音乐的创作思路更加开阔，旋律更加多样、灵活，传统的戏曲文化也重新焕发生机。数字音乐制作如图 4–23 所示。

在数字音乐的内容创作方面，文化元素的融入不仅丰富了音乐的内涵，也让作品的艺术价值得到提升。例如歌曲《青花瓷》借鉴了中国传统诗歌的表现手法，歌词不仅描写了青花瓷的古典美，还将青花瓷的特点生动形象地展现出来；而歌曲《江南》则以江南为切入点，融情于景，借景抒情，体现了烟雨江南的宁静美好。

目前，关于视频长度的划分尚没有明确的规定，一般将时长三十分钟以上的电影、电视剧、综艺节目等归类为长视频，将时长在十五分钟以内的视频称为短视频，而将时长在十五分钟到三十分钟之内的视频称为中视频。数字化的长视频、中视频、短视频在制作、存储、传输等方面都采用了数字技术，因此具有易于编辑和处理、信号传输不易受到干扰的特点，同时，随着高清、超高清技术的发展和应用，数字视频的图像品质也在逐渐提高，数字化的视频生产方式已成为当今社会视频内容生产的主流模式。

图4-23 数字音乐制作

数字化的视频生产方式对促进我国文化传播具有重要作用，通过数字视频，观众直观、形象地获取信息，我国的文化知识和文明智慧也通过这种方式得以广泛传播。目前，数字视频创作题材多样，在电影、电视剧、综艺节目、教育培训、宣传推广等方面均被广泛使用，取得了较好的应用效果。

网络直播是借助互联网直接将视频和音频信息传递给观众的一种媒介形式。网络直播可以突破地域限制，让观众实时观看现场内容。同时，网络直播还支持观众与主播实时互动，包括在线提问、点赞和发表评论，与单向地观看视频相比，具有更好的体验感。

基于网络直播的特点和优势，将其应用于文化产业领域，能够在更大的范围内促进文化产品的传播。在举办文化艺术表演时，可以通过线上实时直播的方式，让更多不在现场的观众观赏精彩的表演，感受文化艺术的魅力。在戏曲、音乐、诗词、书法等表演或者综艺活动中，通过网络直播，用户可以随时提出问题、发表意见，与主播或者网友进行交流，网络直播方式不仅丰富了用户的观赏体验，同时，也让观众在互动和交流的过程中增长见识、获得启发。

网络直播还应用在教育培训、文化宣讲等活动中，跨时空的信息传递方式让学员在获取知识的同时，可以随时与老师交流，提高了学员的学习效率。

4.9.2 电竞动漫与数字内容生产在旅游产业中的应用

目前，电竞产业作为一种新型的休闲娱乐方式发展迅速，深受大众尤其是年轻人的喜欢，动画、漫画作品在提供休闲娱乐服务的同时，用生动逼真的形象和引人入胜的剧情给观众留下了深刻印象，而多样化的数字内容生产技术的应用也使产品内容更加丰富。电子竞技、动画、漫画与数字内容生产集合各种元素，已经形成了庞大的产业链，将其与旅游产业融合，能够为旅游产业注入新的动力和活力，促使旅游产业以新的形态获得新的发展。

电竞与旅游产业的融合可以从旅游元素在电竞游戏中的应用，以及电竞赛事在旅游场所举办两个方面进行。

在电竞游戏中，游戏场景是游戏内容的重要组成部分，场景与角色共同构成游戏主体，优质的游戏场景对于吸引玩家、烘托情节气氛、提升游戏吸引力方面具有重要作用。在设计电竞游戏场景时，将旅游景区的景致风格、地域特色融入其中，不仅能增强游戏的独特性，也让景区的特色、品牌通过游戏得到推广和宣传，吸引更多的人实地旅游观光。

苏州园林是世界文化遗产、中国著名的风景名胜，凸显了古典园林建筑的特色与自然美学。2022 年，电竞游戏《和平精英》春节版将苏州园林的亭台楼阁、假山圆石、拱桥流水、碧草绿树在其游戏地图上进行了数字化展现，玩家可以在园林的亭台间、拱桥上、小河边、假山旁奋勇激战，在耳目一新的环境里尽情畅玩。《和平精英》游戏中的苏州园林场景如图 4–24 所示。

电竞吸引了众多玩家的关注，将旅游城市、旅游景区作为电竞赛事的举办地，不仅能够为赛事提供轻松、宜人的环境，还能进一步扩大旅游城市、景区、景点的影响力。在赛前宣传阶段，赛事的举办地成为宣传亮点；而在赛事举办过程中，玩家在观赏比赛之余，还能在赛事的举办地信步闲游，体验当地风土人情、特色美食和人文魅力。

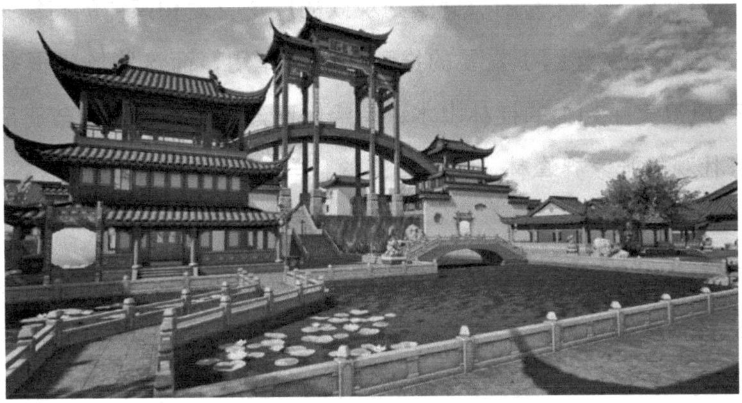

图4-24 《和平精英》游戏中的苏州园林场景

青岛和珠海都曾是电竞游戏《英雄联盟》的赛事举办地，电竞赛事的举办提升了青岛和珠海作为旅游城市的品牌影响力，吸引了大批玩家前往观赛、旅游。玩家在当地不仅感受到了电子竞技的激情，还感受到了当地的人文风情、特色美景，获得了线上和线下的双重体验。

电竞的迅猛发展促使电竞酒店如雨后春笋般涌现。与传统酒店不同，电竞酒店在装修、设施及空间布局上更强调游戏元素与科技感，客房内配备高性能游戏设备，并提供高速、稳定且安全的网络环境。玩家既可观看赛事直播、交流游戏心得，也能组队参与实战。同时，电竞酒店保留了常规酒店的休息休闲功能，使玩家在畅享游戏之余获得舒适休憩，有效缓解旅途或竞技带来的疲劳。

此外，部分电竞赛事、直播及主题活动也可在电竞酒店举办，让玩家在旅游期间既能享受电竞游戏的感官体验，又能获得线下旅游与线上游戏相结合的全方位沉浸式体验。

优秀的动画、漫画作品能够通过鲜明的角色形象、优美而独特的场景设计吸引观众，让观众印象深刻。动画、漫画与旅游产业融合，不仅可以丰富动画和漫画内容，同时，也让旅游景区的实地风貌通过文化作品得以延展，带来独具一格、广为人知的宣传效果和品牌效应。

国产动画电影《西游记之大圣归来》是根据我国传统神话《西游记》改编而成的，该影片在我国公映后，以优秀的口碑受到观众的广泛喜爱和媒体的持续关注。动画中壮美的场景为剧情发展起到了重要的推动和映衬作用，而这些场景很多都源自国内知名景点，有风景美丽如画的桂林山水，有沿山而建、层叠错落的苗寨吊脚楼，有风光旖旎、气势壮观的张家界峰林，有断崖高耸、群峰峥嵘的太行山大峡谷，不一而足，美轮美奂。

在动画电影《大鱼海棠》中，建筑群的原型为著名的福建永定土楼。在动画中，承启楼、环极楼、衍香楼都被一一呈现。随着影片的热映，被誉为“东方古城堡”的永定土楼也得到了更多的关注。另一部动漫作品《我是江小白》中，重庆的地标建筑解放碑、山城老街洪崖洞、重庆“公路第一桥”嘉陵江大桥、穿城而过的城市轻轨和列车等都作为情景画面为观众带来了不一样的视觉体验，随着该影片的热播，重庆的独特形象得到生动展现，并一度成为众多年轻观众的旅游首选地。

动画、漫画作品以其独特的表现形式深受大众喜爱，并在观众的心目中留下了深刻的印象。动画、漫画生动、独特的场景具有较高的辨识度和较强的影响力，将其与旅游产业相结合，不仅有助于提高景区的知名度，还能为游客提供沉浸式游玩体验。

迪士尼是全球知名的动画公司，其制作并发行的《米老鼠和唐老鸭》《白雪公主和七个小矮人》《冰雪奇缘》《狮子王》等动画作品在全球范围内获得广泛关注，动画中的形象例如米老鼠、唐老鸭、米妮、黛丝、白雪公主、安娜公主、辛巴等都让人印象深刻。依靠迪士尼动画中的场景和形象，迪士尼公司在全球创办了知名的迪士尼主题乐园，该主题乐园一经开园，便获得了全球迪士尼动画爱好者的喜爱。上海迪士尼乐园于 2016 年开园，其中迪士尼动画中的形象、场景随处可见，米奇大街、奇想花园、探险岛、宝藏湾、梦幻世界等主题场景使游客仿佛置身于动画世界，游客在这里获得了沉浸、独特而新奇的旅游体验。

《熊出没》是华强方特创作的国产动画片，其有趣的故事情节和鲜明的人物形象备受观众喜爱。以《熊出没》的故事内容和人物形象为基础的主题公园建设工作已在青岛、淮安等地陆续开展，在主题公园中，动画作品中的梦幻岛、狗熊岭、白熊山、奇幻森林等有望得到复原，待主题公园建设完成后，游客将能够在现实场景中感受到别具一格的游玩体验。

数字技术的应用促进了旅游产业各个方面的转型和发展，实现了服务、运营、管理等全方位的质量提升和效率优化。数字技术的应用也在旅游产业内容生产方面提供了更多的表现形式和素材，使旅游产业的业态、服务方式、服务内容提质升级，以更加多元、立体、鲜活的形式呈现给游客。

数字化旅游景区宣传片的拍摄有利于提高旅游景区的知名度和曝光率，吸引更多的游客参观游览，已成为塑造旅游城市品牌形象、帮助广大游客深入了解旅游景区的重要媒介。在宣传片拍摄和制作的过程中，可以运用数字化的摄录装备，结合航拍、地面拍摄及特写等多种方式进行素材拍摄，全方位展现旅游城市和景区的特色魅力。在制作过程中，通过旁白配音、背景音乐、字幕等方式，将各种素材进行剪辑、特效叠加和色彩渲染，共同形成具有感染力和沉浸感的数字内容成品，然后通过电视、网络、自媒体等渠道发布、播放数字宣传片，用视听相结合的方式强化观众对旅游目的地的认知，从而吸引游客前往旅游地参观游玩。

数字技术的发展促进了旅游直播这一新业态的兴起。通过这种方式，旅游主播携带直播设备，在旅游的过程中，将沿途的风光、游览的心情通过网络直播的方式实时对外传播，收看的观众无论身在何地，只要能够接入网络，便可以跟随主播的镜头看尽千万里之外的奇异风光。

目前，数字化的虚拟旅游场景在内容制作周期和成本上仍存在一些问题，但随着科技进步和数字技术的发展，数字化的虚拟旅游场景内容将日益丰富。

第5章

数字技术驱动文化与旅游产业发展研究

5.1 我国数字技术发展的典型事实分析

数字化是将复杂多变的信息转变为可以度量的数字、数据，并建立符合现实情况的数字化模型的过程。数字化将数据转变为二进制代码，并引入计算机内部进行统一处理。信息化是指利用信息技术手段，对信息资源进行开发、利用和管理的过程。信息化的核心在于构建和整合业务系统，将传统的线下手续转化为高效便捷的线上流程，实现从纸质向电子方式的全面转变。

数字化和信息化密不可分，但又有一定的区别，主要体现在以下 3 个方面。一是信息化以信息技术为载体，对现实事物进行模拟，并最终以数据形式呈现，而数字化是从数字数据到业务数据的转换。二是两者的应用范围不同。信息化一般应用在企业的单项业务或者某一个部门中，较少在多业务或者多部门间进行大范围的整合应用，而数字化则可以打破业务之间、部门之间的界限，使不同业务、不同部门融会贯通，从而实现数据信息完整、连贯和精确的横向和纵向流转。三是两者的应用目标不同。信息化更注重效率，而数字化不仅注重效率，还注重质量，强调提质增效。

数字技术通常包括人工智能、区块链、云计算、大数据、物联网等，在文化与旅游产业中，应用较为广泛的数字技术包括宽带网络与物联网、云计算与边缘计算、大数据与人工智能、5G 移动通信与无人机、定位与导航、区块链、数字孪生、虚拟现实与增强现实等。宽带网络的建设和应用促进了文化与旅游产业的网络化发展，改变了文化与旅游产业的生产方式、消费模式、产品形态、服务内容等。物联网技术使文化与旅游产业之间的网络关联更加密切、更为广泛，使文化与旅游产业的生态、运行管理方式发生了深刻的改变。云计算与边缘计算打破了文化与旅游产业的时空限制，拓宽了与之相关的信息共享领域，改变了传统的文化与旅游产业发展模式。大数据与人工智能技术可以对海量的文化与旅游产业数据进行挖掘、处理，发现蕴藏在数据中的规律并加以利用，从而分析文化与旅游产业中存在的问题和不足之处，为文化与旅游产业的发展提供数据支持。5G 移动通信与无人机能提升文化与旅游产业参观游览体验，提高内容传播、文化服务、运营管理的效率，使游客获得更好的体验。定位与导航技术能够帮助游客更快、更准确地知晓自己所在的位置。区块链技术“去中心化”、公开透明、不易篡改的特征能够为文化与旅游数字产品的知识产权保护提供支撑，确保文化与旅游产业数字产品的生产、交易、流转等环节的有序进行。数字孪生技术、虚拟现实技术与增强现实技术将物理世界的真实体“克隆”成数字世界的虚拟体，打破文化与旅游产品的时空限制，促进文化与旅游产品的升级换代。电竞动漫与数字内容生产扩大了文化与旅游产品的范围，提高了传播速度，提升了文化与旅游产品品牌的影响。

数字技术在文化与旅游产业中的应用，不仅有利于推动文化与旅游产业数字化的探索与创新，完善数字治理体系，也有利于推动文化与旅游产业向数字化转型，提升产业整体的竞争力和服务质量。数字技术与互联网密不可分，在衡量数字技术指标时，一般选用与互联网有关的指标进行估算。为了便于说明，下面选用移动电话基站、光缆线路长度、移动电话普及率、网页数、互联网宽带接入用户数（万户）、移动互联网用户数、移动互联网接入流量、信息技术服务收入这 8 个指标对我国的数字技术发展水平进行探讨。

移动电话基站是在一定的无线电覆盖范围内，通过移动通信交换中心，与移动电话终端之间进行无线网络连接的中介设备。移动电话基站可以实现手机与手机或手机与固定网络之间的通信。我国自 1987 年开通移动电话业务以来，移动电话用户数迅速增长。作为移动电话网络的连接点，移动电话基站的工作原理是将手机发送的无线电信号，再接收、处理、转发和发送回手机。其具体过程首先是将手机的无线电信号传送到移动电话基站，基站对信号进行解码、解调和检错等一系列处理，确保信号的可靠性和准确性。然后，基站将处理后的信号发送到移动通信网络，使手机能与其他手机或固定网络进行通信。当需要与手机进行通信时，基站会将数据转换成无线电信号，并通过天线发送到手机上。

移动电话基站一般分为宏基站、微基站、Pico 基站、蜂窝式基站 4 种类型，其中，宏基站的覆盖范围最广，可达几千米甚至几十千米，而微基站和 Pico 基站的覆盖范围则相对较小，适用于特定区域的高密度通信需求。

得益于通信行业的快速发展，我国移动基站数量增长迅速。数据显示，2005 年我国移动电话基站的数量为 36.2 万个，2022 年为 1083.4 万个，年均增长率为 22.1%。其中，2005 年到 2010 年，我国移动电话基站建设增长速度较快，尤其是 2009 年，增速达 62%。2012 年和 2013 年，我国移动电话基站建设增速下降，分别降为 18% 和 17%。2014 年和 2015 年，我国移动电话基站建设增速提升，分别为 46% 和 33%。2015 年到 2022 年，我国移动电话基站建设增速呈下降趋势，除了 2019 年和 2022 年稍有上升外，其他年份的增速都在下降。2005—2022 年移动电话基站数量和增速如图 5–1 所示。

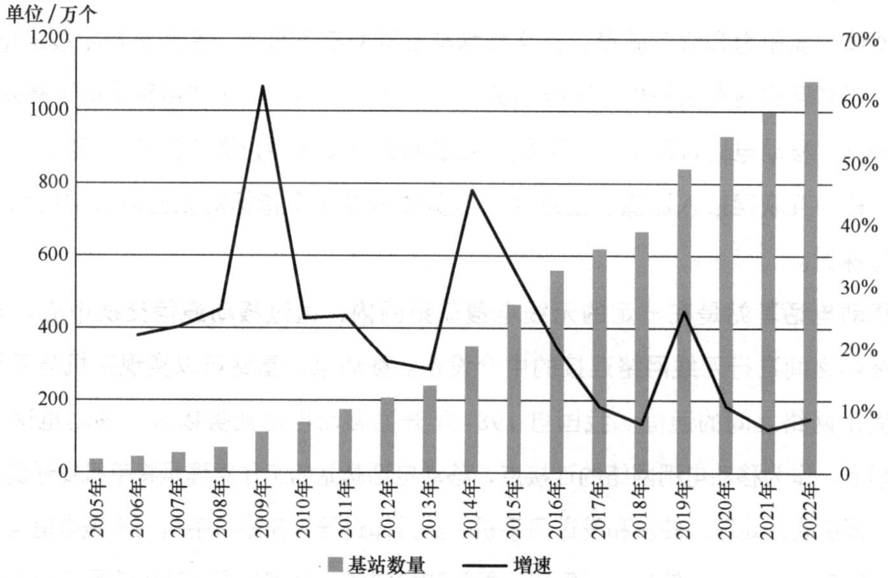

图5–1　2005—2022年移动电话基站数量和增速

光缆线路长度是通信基础设施另一个重要的指标，它直接关系到网络覆盖的广度和质量。随着国内信息产业的迅猛发展和产业规模的持续扩大，数字化和网络化融合加深，我国的光缆线路建设不断增强。2005 年，我国光缆线路长度为 407 万千米，2023 年增加到 6432 万千米，年均增长率约为 16.5%。从增量上看，2023 年我国新建光缆线路长度达 473.8 万千米，超过了世界上大多数国家的光缆总长度。随着用户对通信网络需求的不断增加，互联网普及率得到提升。为了满足用户需求，运营商需要不断增加光缆长度，并在人口集聚区加大光缆密度。同时，随着数字经济的蓬勃发展，各行各业对互联网的需求不断增加，与数字经济相关的云计算、大数据、物联网等新兴技术，都离不开稳定、高速的网络支持。因此，光缆线路长度增加也是必然的结果。此外，我国对通信基础设施建设的投入逐渐增加。为了促进通信基础设施建设，地方政府铺设了更多光缆线路，建设了更多的基站和数据中心等，使得光缆线路长度大幅增加。截至 2023 年年底，我国光缆线路总长度已达 6432 万千米，稳居世界第一。

移动电话简称手机，是当前一种最为常见的便携式通信设备。与固定电话相比，它的最大优点是可以摆脱线路限制进行语音通话。20 世纪初，人们就尝试使用无线电技术进行语言通话，1973 年，摩托罗拉公司研制出世界上第一部民用手机，随后诺基亚、三星等厂商的手机产品也迅速崛起。随着科技和研发技术的发展，移动电话的体积不断缩小，功能越来越多。移动电话根据功能可以划分为功能手机和智能手机，功能手机只具备打电话、发信息等基本功能，智能手机除了基本功能，还拥有上网、拍照、游戏等更多功能。移动电话涉及的技术有蜂窝网络技术和无线通信技术，蜂窝网络技术将整个服务区域细分为多个小的区域，这些小的区域类似于蜂窝，每个蜂窝内有一个基站，负责为该区域内的移动电话提供通信服务。无线通信技术包括 GSM、CDMA、3G、4G、5G 等，它们保证了移动电话的通信速度和稳定性。

移动电话普及率是指每百人所拥有的移动电话数量，是衡量一个国家或地区移动通信发展水平的重要指标。2005 年，我国移动电话普及率是 30.26 部 / 百人，2023 年达到 122.5 部 / 百人，2024 年 5 月为 125.2 部 / 百人，这表明，随着移动通信技术的不断发展和普及，移动电话用户数量持续增长，普及率也相应提升，而且这种趋势在未来一段时间内有望继续保持。影响移动电话普及率的因素还有经济发展水平、政策支持、技术发展等。其中，经济发展水平是影响移动电话普及率的重要因素。一般来说，经济越发达的地区，移动电话普及率越高。2023 年，我国东部地区移动电话普及率高于中西部地区，其中，北京、上海等城市的移动电话普及率超过了全国平均水平，达到了 180 部 / 百人。我国政府通过提供补贴、投资通信基础设施建设等政策支持提升了移动电话普及率，例如，“宽带中国”战略在中西部地区的深入实施，提高了中西部地区的移动电话普及率。技术发展也是影响移动电话普及率的重要指标。例如，5G 技术的应用和推广，为移动电话的普及提供了有力支持。

网页数是一个相对宽泛的概念，它通常是指互联网上存在的网页总量。网页数与互联网之间存在着密不可分的关系，网页不仅是互联网内容的重要组成部分，也是信息传播、用户互动和商业活动的重要载体。互联网是由无数个网络设备（例如服务器、路由器、交换机等）通过标准化的通信协议（例如 TCP/IP）相互连接构成的庞大网络，网页是互联网上的基本信息单元之一，网页数直接反映了互联网内容的丰富程度和多样性。信息传播是互联网的重要功能之一，网页作为信息传播的主要载体，承载着文字、图片、视频等多种形式的信息。多种信息通过网页的链接关系相互连接，形成了一个庞大的信息网。随着互联网的不断发展，新网站的创建、旧网站的更新、内容的增加或删除等操作将日益频繁。各种各样的互联网网页如图 5–2 所示。

根据 2023 年《中国统计年鉴》的统计数据，2006 年，我国网页数为 447257.8 万个，2022 年为 35878144.3 万个，增加了将近 80 倍，年均增长率为 32%。网页数的增加体现了互联网内容的多样性，不同的网页内容为用户提供了更多的选择，满足了用户的各种需求，促进了知识和文化的传播。网页数的增加为企业和个人提供了更多的商业机会，并为企业和个人带来了更多的创新和发展空间。网页数的增加推动了互联网技术的创新和改进，例如，搜索引擎技术的提升、云计算技术的改进，不仅推动了互联网的发展，也为技术创新提供了更加多元的环境。

图5-2　各种各样的互联网网页

与网页数一样，互联网宽带接入用户数、移动互联网用户数、移动互联网接入流量也是反映互联网发展的重要指标。互联网宽带接入用户数是反映互联网普及程度的重要指标，它的增长不但有利于信息的流动和共享，提升社会整体信息化水平，也有利于优化人民的生活和工作方式，使生活和工作更加便捷、高效。此外，互联网宽带接入用户数的增长还促进了数字经济的发展，电子商务、在线支付、云计算等互联网技术的发展，使得数字经济呈现快速增长的发展态势。移动互联网用户数反映了移动互联网的普及程度和使用情况，它的增长主要体现在线上娱乐、生活消费、教育求职、旅游出行、购物金融等领域。移动互联网接入流量是指移动通信终端（例如手机、平板计算机等）通过移动网络访问互联网时所产生的数据流量。影响移动互联网接入流量的因素包括技术进步、内容丰富度等。技术进步能够提高网络速度，使用户获得更流畅的上网体验，从而增加移动互联网接入流量。用户在使用网络时会关注不同的内容，内容越丰富，产生的网络流量越多。

2005 年，我国互联网宽带接入用户数为 3735 万户，2023 年为 63630.6 万户。互联网宽带接入用户数具有典型的地区差异特征。例如，2024 年 5 月，广东省的互联网宽带接入用户数为 4917.3 万户，位居全国第一，而宁夏、青海、西藏等地区的用户数量则相对较少，未超过 500 万户。我国互联网宽带接入用户数排名前 8 的省（自治区、直辖市）的用户数之和占全国的比重超过 50%，这表明，互联网接入用户主要集中在部分经济发达、人口密集的地区。2014 年，我国移动互联网用户数为 87522.1 万户，2023 年为 151701 万户，增长超过 70%。2014 年，我国移动互联网接入流量为 206193.6 万吉比特，2024 年为 3015 亿吉比特，增长约 146 倍。这表明我国互联网发展迅速，移动互联网普及率增长迅速。

信息技术服务是指通过计算机等技术手段，对信息进行生产、加工和利用，从而为用户提供信息技术咨询、设计、开发、测试、集成、运行、维护、安全等全生命周期的服务。我国高度重视信息技术服务产业的发展，出台了一系列有关行业生态建设、税收优惠等的政策法规，为信息技术服务产业的快速发展提供了良好的政策环境。信息技术服务涵盖了软件、硬件、网络、数据等各个方面，涉及领域包括软件开发与维护、系统集成、云计算、大数据、信息安全等。软件开发与维护指的是软件开发、软件升级、软件维护等，涵盖从软件项目的初始构思、设计、编码、测试到最终部署，以及后续维护的全过程。系统集成是将不同来源、不同功能的信息系统、应用软件、硬件设备等集成，形成一个完整的系统。云计算是基于网络提供按需使用的各种计算服务。大数据是对数据进行采集、存储、处理、分析等，为用户提供有用的数据以便优化其决策。信息安全是提供网络安全、数据安全、应用安全等方面的服务，以保证系统的安全运行。

信息技术服务收入是软件和信息技术服务业的重要组成部分，其增长情况反映了该行业的整体发展趋势，影响信息技术服务收入的因素包括技术创新和市场需求。随着人工智能、大数据、云计算等技术的发展和创新，形成了较多的新商业模式，促进了信息技术服务收入的增长。企业的数字化转型发展增加了对信息技术服务的需求，企业在提高自身竞争力和生产效率的同时，也使信息技术服务收入快速增长。

2010 年，我国信息技术服务收入为 6529.69 亿元，2022 年达到 70597.57 亿元，增长了将近 10 倍，年均增长率为 22%。2024 年上半年，信息技术服务收入已达到 42224 亿元，其中，云计算与大数据服务收入为 6545 亿元，占信息技术服务收入的比重为 15.5%，集成电路设计收入增长迅速，达到 1642 亿元，电子商务平台技术服务收入达到 5162 亿元。

5.2 数字技术驱动文化与旅游产业发展

5.2.1 概述

宽带网络与物联网、云计算与边缘计算、大数据与人工智能、5G 移动通信与无人机、定位与导航、区块链、数字孪生、虚拟现实与增强现实等数字技术，正以前所未有的速度渗透国民经济的各行各业。文化与旅游产业不仅是我国国民收入结构中的传统产业，还肩负着文化传承、满足人民日益增长的精神文化需求的重要责任。数字技术在我国文化与旅游产业的广泛应用，为这一传统行业注入了新的活力，正快速驱动文化与旅游产业不断向前发展。

数字技术驱动我国文化与旅游产业发展，体现在对传统文化的传承与创新上。一方面，通过高清影像、三维扫描等数字技术，可以对文化遗产进行拍照、扫描，这一过程不仅让文化遗产得以被精准记录和长久保存，还极大地促进了文化的广泛传播。另一方面，数字技术以其多样化的表现形式，为传统文化的展现开辟了新天地，例如沉浸式戏曲体验、虚拟博物馆漫游等。这些创新手段将传统文化内容以鲜活、直观的方式呈现给游客，同时，还吸引更多人参与其中，有效地扩大了受众群体。

数字技术驱动我国文化与旅游产业发展，也体现在服务质量与体验的全面提升方面。例如，在开展一项旅游活动前，可以通过大数据分析游客的消费需求和消费习惯，从而为游客精准推荐个性化的旅游产品和服务。游客可以利用数字技术预订门票、酒店和餐饮等，旅游过程中的服务效率得以提升。在旅游过程中，游客可以通过智能导览系统，实时了解自己所在的位置、旅游景区的全貌，以及景区的分布情况，根据个人兴趣爱好选择游览路线，增加旅游的便捷性和趣味性。在旅游活动结束后，景区通过大数据和云计算，分析不同游客对不同旅游产品的偏好，根据游客的反馈意见发现旅游产品的不足之处并加以改进，不断提升游客的满意度。

数字技术驱动我国文化与旅游产业发展，还体现在业态创新与产业融合上。数字技术的广泛应用催生了大量的文化与旅游新业态，例如，智慧景区、云旅游、在线演艺等。新业态的发展为游客提供了更多的模式和选择。此外，数字技术还加速了文化与旅游产业和其他领域的深度融合，尤其是与科技产业的紧密交织，二者相互渗透，共同进化。依托物联网、大数据、云计算等前沿技术，文化与旅游产业的管理部门能够实现对旅游产品的全方位监控与智能化调度，显著提升运营效能和服务品质。同时，数字技术打破了地理与时间的界限，借助虚拟现实和增强现实技术，游客能够跨越地域限制，随时随地沉浸于异域的旅游体验之中，这一变革有力地推动了全域旅游理念的落地与实践。

此外，随着全球化和一体化的发展，文化与旅游产业通过社交媒体、在线广告等数字化渠道进行国际范围内的营销，为全球游客提供多语种、多类型的文旅服务，吸引更多国际游客参与体验。随着数字技术的持续创新与深入应用，文化与旅游产业正步入前所未有的黄金发展期，未来发展必将更加璀璨夺目。

5.2.2 研究方法

为了对数字技术驱动下我国文化与旅游产业的发展情况进行量化研究，可以结合相关指标，采用灰色关联度方法展开分析。灰色关联度方法又称为灰色关联度分析法，是灰色系统理论中的一种重要的分析方法。它常用来分析系统中各因素之间发展趋势的相似或相异程度，从而衡量因素间的关联程度。灰色关联度方法可以为决策者制定政策和规划提供重要参考，帮助决策者作出较为合理、科学的决策，因此被广泛应用于工程设计、经济研究、技术分析等领域。

灰色关联度方法采用样本数据，描述各影响因素与特定因素关系的强弱、大小和次序。关联度越大，表示某一影响因素与特定因素的相关性越高；关联度越小，表示某一影响因素与特定因素的相关性越低。在进行灰色关联度分析时，需要注意数据的真实性和可靠性，以确保分析结果的准确性。灰色关联度方法是一种相对评价方法，其结果仅反映各因素之间的相对关联程度，而非绝对关联程度。具体方法如下。

先确定参考数列$X_0(k)$，参考数列通常作为比较的标准或目标，以反映系统行为特征。再定义比较数列，用于与参考数列进行比较分析，是由影响系统行为的因素组成的序列。本章定义比较数列如式（1）所示。

$$X_i(k)=[X_i(1), X_i(2), \cdots, X_i(n)],\ (i=1, 2, \cdots, m; k=1, 2, \cdots, n) \tag{1}$$

由于系统中各变量的类型不同，数据的量纲和数量级可能存在差异，因此需要进行数据预处理，例如无量纲化处理，以消除这些差异对分析结果的影响。本节采用极差标准化方法对上述公式进行无量纲化处理。经过无量纲化处理后，分别将参考数列和比较数列定义为 $X_0'(k)$ 和 $X_i'(k)$，然后求二者之间的绝对差值，结果如式（2）所示。

$$\begin{aligned} m &= \min_i \min_k |X'_0(k)-X'_i(k)| \\ M &= \max_i \max_k |X'_0(k)-X'_i(k)| \\ &(i=1,2,\cdots,m;\ k=1,2,\cdots,n) \end{aligned} \tag{2}$$

其中，$\min_i \min_k |X'_0(k)-X'_i(k)|$指的是比较数列与参考数列的最小绝对差值，$\max_i \max_k |X'_0(k)-X'_i(k)|$指的是比较数列与参考数列的最大绝对差值。计算如式（3）所示。

$$r_{0i}(k)=\frac{m+\varepsilon M}{|X'_0(k)-X'_i(k)|+\varepsilon M} \qquad \varepsilon \in (0,1) \tag{3}$$

根据上式，可得到灰色关联度，如式（4）所示。

$$r_{0i}=\frac{1}{n}\sum_{k=1}^{n} r_{0i}(k) \tag{4}$$

5.2.3 数字技术驱动文化产业发展

文化产业是为社会公众提供文化产品和文化相关产品的生产活动的集合，其涵盖内容较为广泛，包括文化产品制作和销售活动、文化传播服务、文化休闲娱乐服务、文化用品生产和销售活动、文化设备生产和销售活动，以及相关文化产品制作和销售活动等。文化产品制作和销售活动指的是图书、报纸、期刊、音像制品、电子出版物等的制作、出版、发行。文化传播服务指的是与文化传播有关的广播电视服务、电影服务、文艺表演服务、博物馆展览服务等。文化休闲娱乐服务指的是网吧、健身、游乐园等场所提供的娱乐服务。文化用品生产和销售活动侧重于文化产品的生产经营活动，指的是广播电视设备、电影设备、收音机、游戏机等的售卖活动。相关文化产品制作和销售活动指的是与文化产品有关的工艺美术、设计等活动。

本节选取文化产品制作和销售活动作为研究指标，用灰色关联度方法分析数字技术中的 8 个指标对文化产业的影响。结合 2005—2022 年的数据，通过计算，分别得到数字技术与图书、期刊、报纸总印数的灰色关联度，详见表 5–1。

表 5–1　数字技术指标与图书、期刊、报纸总印数的灰色关联度

数字技术指标	与图书总印数的灰色关联度	与期刊总印数的灰色关联度	与报纸总印数的灰色关联度
移动电话基站	0.658	0.653	0.651
光缆线路长度	0.653	0.642	0.640
移动电话普及率	0.596	0.548	0.540
网页数	0.589	0.588	0.588
互联网宽带接入用户数	0.650	0.636	0.633
移动互联网用户数	0.761	0.524	0.516
移动互联网接入流量	0.680	0.678	0.677
信息技术服务收入	0.654	0.630	0.633

通常，将 0.8 ～ 1 的灰色关联度定义为极强关联，表示指标间具有极高的关联程度；0.65 ～ 0.8 的灰色关联度定义为较高关联，表示指标间有较强的联系；0.3 ～ 0.65 的灰色关联度定义为中等关联，表示指标间有一定的关联；0 ～ 0.3 的灰色关联度定义为低关联，表示指标间的关联程度较低。

按照上述区间划分，在 8 个数字技术指标与图书总印数的灰色关联度中，移动互联网用户数与图书总印数的灰色关联度最高，为 0.761，接下来是移动互联网接入流量、移动电话基站。网页数与图书总印数的灰色关联度最小，为 0.589。以上结果表明数字技术指标与图书总印数具有中等及以上的关联程度，反映了数字技术指标对图书总印数有一定的影响。

图书出版业在文化传承中具有重要地位。图书作为知识与智慧的载体，汇聚了历代学者的思想精华。通过出版印刷，这些宝贵的精神财富得以跨越时空，被后人广泛阅读与学习，从而实现文化的连续性和文明的广泛传播，为思想碰撞与交流搭建了广阔的平台。图书汇聚了不同历史时期、不同背景作者的观点，读者阅读图书不仅可以拓宽视野、丰富思想，还可以激发深层思考与创作灵感，推动社会整体认知水平的进步与发展。

图书出版业在推广优秀学术成果方面也发挥着不可替代的作用。高质量的学术图书不仅能够帮助公众深入理解专业知识，提升个人的修养与综合素质，还通过学术成果的社会化转化，对推动整个社会的进步与发展发挥举足轻重的作用。图书是文化传承的媒介，更是科技创新的重要源泉。图书蕴含的新思想、新观点为科研人员提供了丰富的灵感与启示，引导他们不断探索新的研究方向和领域，这对促进国家科技创新、增强国家核心竞争力意义重大。另外，图书出版业作为文化产业的关键组成部分，不仅直接通过图书销售创造直接经济效益，还间接带动了物流、批发、零售等相关产业链的协同发展，并以其显著的产业链效应，促进了就业市场的繁荣。

随着我国数字技术的迭代进步，人们对网络的依赖越来越强，人们的阅读模式也发生了深刻的改变，越来越多人选择在线阅读和听书，而不再局限于传统的纸质阅读模式。电子书和有声书的发展为人们提供了更加便捷和高效的阅读方式，这种便捷、低成本的数字阅读方式，使得人们可以精准选择自己感兴趣的图书，并在阅读过程中拥有更加愉悦的体验。但是，电子书和有声书的发展在一定程度上挤压了纸质图书的生存空间，加之盗版侵权事件屡禁不止，给图书出版业带来了一系列负面影响，这些影响有望随着数字加密和区块链技术的应用逐步得到解决。

数字技术将传统的印刷出版物转化为数字形式，简化了图书出版流程，降低了出版成本。在数字技术的支持下，实体书店与虚拟书店相互融合，形成线上线下协同的服务模式，共同为读者提供更加便捷的服务。数字技术还催生出图书行业“按需定制”的新模式，在这一模式下，读者不再受限于出版社的现有书目，而是可以根据自己的兴趣、需求或小众偏好，向出版社提出定制化的出版请求，出版社则可以利用数字印刷技术，快速响应这些需求，实现图书的个性化设计与制作，从而满足读者日益增长的个性化阅读需求。

在 8 个数字技术指标中，与期刊总印数灰色关联度最高的前三位是移动互联网接入流量、移动电话基站、光缆线路长度，后三位是移动互联网用户数、移动电话普及率、网页数。参考灰色关联度等级标准，可以发现移动互联网接入流量和移动电话基站与数字技术指标之间存在较高关联度，其他数字技术指标与期刊总印数之间存在中等关联度。就中等关联度而言，这些数字技术指标与期刊总印数之间的灰色关联度也是偏高的。因此可以得出结论，数字技术指标与期刊总印数之间具有较高的灰色关联度，数字技术指标对期刊总印数有较强的影响。

究其原因，**一是期刊内容的严谨性、方法的科学性与成果的客观性的本质特征决定了其权威性**。在传统纸质期刊时代，期刊的传播范围、传播速度受时间和空间的局限，传播方式的单一化束缚了其发展力与创新性。随着互联网、大数据、云计算等数字技术的发展，期刊的出版方式发生了深刻变革。期刊的出版不再只是传统的纸质形式，而是向电子化、数字化方向发展。在线期刊等新型出版方式的发展，极大地提升了出版效率，提高了期刊的传播速度和影响力。传统方式下，期刊的出版还要经过印刷、装订等一系列环节，而在数字时代，文章通过审稿后，就可以在电子期刊上发表，大幅缩短了出版周期。此外，数字时代的出版使得期刊内容更加丰富，文字、图片、音频、视频等多种展示方式都可以在期刊中呈现，这极大地丰富了期刊的表现力和吸引力。

二是数字技术改变了期刊的传播方式。多样的虚拟传播媒介，使得期刊的传播不再受限于一对一的传播模式，通过互联网平台，用户可以打破地域限制，随时搜索期刊信息。不同国家的人们可以借助翻译软件，轻松地访问和阅读全球各地的期刊内容。数字技术推动了期刊内容的传播，为跨文化交流提供了便利条件。一方面，数字技术促进了期刊内容的免费开放，部分期刊可以广泛、免费地向公众传播；另一方面，数字技术也使得读者可以随时随地通过在线论坛、社交媒体发表自己的观点和看法，这种互动的传播方式，使得读者、作者和期刊编辑部之间的交流变得更加顺畅和便捷。

三是数字技术提升了期刊的水平。网络、大数据、人工智能等前沿技术在办刊过程中的应用，不仅革新了知识的生产与再生产流程，还推动读者的阅读方式发生了重大变革。这一变革要求期刊编辑团队必须将期刊内容的精准性、全面性与创新性放在重要位置，以确保期刊内容能够突破学术壁垒，满足不同层次及文化背景读者的需求。为适应这一变化，期刊业需要突破传统思维定式，着力培养既精通编辑业务又掌握数字技术的复合型人才。在办刊过程中，通过熟练运用数字化平台，采用高效追踪、精细化处理及数据统计分析等方式处理稿件，可显著提升期刊生产效率与整体质量。数字技术赋予了期刊负责人前所未有的洞察能力，让他们能够依托阅读平台深入了解读者的阅读习惯、兴趣偏好，实施精准推送与个性化服务策略。另外，对于期刊数字化后随之产生的知识产权问题，可以采用数字水印、加密技术等方法，构建全方位、多层次的版权保护体系，通过技术手段有效遏制文章的非法复制与传播，维护作者与期刊的合法权益。

从表 5-1 中可以看出，在 8 个数字技术指标中，与报纸总印数灰色关联度较高的是移动互联网接入流量和移动电话基站，系数在 0.65 ～ 0.8，表明这两个指标与报纸总印数之间有较强的关联，而其他数字技术指标与报纸总印数的灰色关联度都大于 0.5，是较高的中等关联。因此，可以推定，数字技术对报纸总印数具有较强的影响。

数字技术打破了传统媒体之间的信息界限，促进媒体融合向纵深发展。在报纸内容的传播方面，传统报纸“我发你看”的单向传输模式正逐渐成为过去式，“众发众看”的双向传播形式成为信息传播的主流形式。充分把握网络平台圈层化传播特点，针对不同平台实行分众化传播策略，是数字时代报纸业信息传播的必然选择。

数字技术使报纸编辑的工作效率和报纸的内容呈现效果得到提升。新闻工作者可以采用大数据技术对热点和新闻事件进行梳理、归类和汇总，从中筛选出具体的选题进行策划，例如采用 AlphaGo、ChatGPT 等人工智能产品，对新闻业务内容进行管控，筛选出高质量的新闻信息。人与数字技术的复合作用，为报纸作品编辑质量和效率的提高提供了有效路径。另外，可以采用 VR 技术对报纸版面进行改造，采用虚拟技术对新闻内容进行针对性设计，通过 VR 技术呈现一些纸质媒介无法表达的内容，使受众对新闻内容获得耳目一新且更深刻的理解。

5.2.4 数字技术驱动旅游产业发展研究

在我国国民经济发展战略规划中，旅游产业被归类为服务业，其定义为依托旅游资源和配套设施，为游客提供“食、住、行、游、购、娱”6 个环节的综合性行业。旅游产业的核心构成主要包括旅游景区、交通客运业和以饭店为代表的餐饮住宿业。旅游产业涉及多个行业和部门，具有综合性特点。例如，旅游产业以提供服务的方式满足游客的需要，具有服务性特点。旅游产业受多种因素的影响，例如，经济因素、环境因素都会对旅游产生影响，因此其具有敏感性特点。旅游产业具有完整的上下游产业链条，能直接或间接地促进相关产业发展，因而还具有带动性特点。

本节选用 2005—2022 年的数据，以移动电话基站、光缆线路长度、移动电话普及率、网页数、互联网宽带接入用户数、移动互联网用户数、移动互联网接入流量、信息技术服务收入共 8 个指标作为我国数字技术发展水平的衡量指标，研究数字技术对我国旅游产业发展的影响。旅游产业发展选用 5 个指标，包括国内游客数、旅游总花费、人均花费、限额以上住宿业营业额和限额以上餐饮业营业额。按照上述指标计算的数字技术指标与国内游客数、旅游总花费、人均花费的灰色关联度见表 5–2。

表 5–2 数字技术指标与国内游客数、旅游总花费、人均花费的灰色关联度

数字技术指标	与国内游客数的灰色关联度	与旅游总花费的灰色关联度	与人均花费的灰色关联度
移动电话基站	0.694	0.752	0.672

续表

数字技术指标	与国内游客数的灰色关联度	与旅游总花费的灰色关联度	与人均花费的灰色关联度
光缆线路长度	0.723	0.857	0.674
移动电话普及率	0.879	0.729	0.785
网页数	0.592	0.603	0.589
互联网宽带接入用户数	0.693	0.844	0.649
移动互联网用户数	0.733	0.683	0.626
移动互联网接入流量	0.680	0.681	0.679
信息技术服务收入	0.688	0.765	0.655

从表5-2中可以看出，8个数字技术指标与国内游客数的灰色关联度处于0.8～1的为移动电话普及率，这说明移动电话普及率与国内游客数之间有着极高的关联度。与国内游客数的灰色关联度处于0.65～0.8的分别是移动互联网用户数、光缆线路长度、移动电话基站、互联网宽带接入用户数、信息技术服务收入、移动互联网接入流量，说明这6个指标与国内游客数之间有较强的关联。而与国内游客数的灰色关联度处于0.3～0.65的是网页数，说明这个指标与国内游客数之间存在一定的关联。

8个数字技术指标与旅游总花费的灰色关联度处于0.8～1的分别是光缆线路长度、互联网宽带接入用户数，这说明光缆线路长度、互联网宽带接入用户数与旅游总花费之间有极高的关联度。与旅游总花费的灰色关联度处于0.65～0.8的分别是信息技术服务收入、移动电话基站、移动电话普及率、移动互联网用户数、移动互联网接入流量，说明这几个指标与旅游总花费之间有较强的关联度。与旅游总花费的灰色关联度处于0.3～0.65的是网页数，说明这个指标与旅游总花费之间有一定的关联度。

以上结果说明，数字技术指标与国内游客数、旅游总花费有较强的关联，数字技术对国内游客数、旅游总花费有较强的影响。

数字技术推动旅游企业优胜劣汰，加速产品服务迭代升级。在数字经济背景下，一些旅游企业抓住机遇，以新的思维指导企业发展。例如，一些企业利用大数据技术，精准地了解游客的需求和喜好，为游客提供更加贴心和个性化的服务，并利用虚拟现实和增强现实技术，为游客打造沉浸式旅游体验。这极大地提升了游客满意度，也促使这些旅游企业在激烈的市场竞争中生存下来。反之，那些对数字技术持回避态度、固守传统模式的旅游企业则逐渐被市场淘汰。互联网技术使得旅游产品升级速度加快，传统旅游产业主要依赖地图、宣传册等工具，但数字技术为旅游产品的宣传推广拓展了新的渠道，通过网络媒体的推广、短视频介绍、在线直播等方式，使游客能够更加直观地了解产品，其推介内容也更容易为游客所接受。数字技术的应用不仅加速了旅游产品的更新换代，也丰富了游客的旅游体验。

数字技术推动了旅游产品结构的精细化调整，使得多样化的游客需求得到更加精准和全面的满足。数字技术使得旅游产业能更精确地把握市场需求变化，并结合时代发展特点，优化旅游产品的结构。例如，当前，人们没有太多的时间进行长期旅行，这让省内及周边旅游景点成为热门选择。通过大数据技术，旅游产业从业者对不同游客的消费需求进行分析，推出省内旅游、周边旅游、乡村旅游、康养旅游、生态旅游、研学旅游等具有短时间、近距离、高频次特点的“轻旅游”“微度假”型旅游产品，改变了以往“一刀切”的产品服务模式，满足了不同游客的个性化需求。

数字技术的发展催生出“旅游＋”“文化＋”等多种新产品、新业态，将旅游与农业、工业、科技、教育等领域紧密结合，例如，农业旅游让游客亲身体验田园风光与农耕文化；工业旅游让游客感受现代工业的魅力与制造工艺的精湛；科技旅游通过虚拟现实、增强现实等前沿技术为游客提供沉浸式游览体验；教育旅游通过寓教于乐的方式，让游客在旅行中领悟知识。同时，“文化＋”模式将传统文化与现代科技、创意设计、市场营销等相结合，创造出许多既具有文化特色又符合现代审美需求的文化产品和服务。例如，数字博物馆利用数字技术让文物“活”起来，使观众能够近距离、多角度地欣赏文物之美；文化创意产品则将传统文化元素融入日常生活用品，让传统文化更加贴近生活。

此外，数字技术的发展，也改变了人们的支付方式。例如，移动支付和在线购物等提升了消费者的购物体验，使得消费更加便捷高效。通过互联网平台，游客可以实时获取热门景区的客流量、饱和度、门票预约等信息，信息透明化帮助游客更轻松地获取关于旅游目的地的详细信息、进行价格比较并参考用户评价等，从而更快地选择个人喜欢的旅游产品。许多酒店推出了“无接触服务”，支持自助入住，避免与他人的接触。同时，5G、VR和酒店机器人优化了游客的旅游体验；外卖、微信点餐等服务则让就餐更加便利。这些创新不仅刺激了消费行为，也增加了旅游产业的收入。

数字技术的应用既提升了旅游产业的盈利能力，又为可持续发展奠定了坚实基础。虚拟现实、增强现实等技术通过数字化手段呈现历史文化与自然景观，在优化游客体验的同时，显著增加了产业收入。此外，数字技术推动旅游管理智能化，缩短了预订、支付、客服等环节的时空限制，既提升运营效率，又降低人力成本，进一步促进收入增长。共享技术衍生的短租住宿平台、旅游资源共享等新模式，不仅提高资源利用率，更为旅游企业开辟了新盈利渠道。同时，数字技术可实时监测并调控旅游活动的环境影响，助力实现游客体验与生态保护的双赢目标。

在表5-2中，与人均花费的灰色关联度最高的是移动电话普及率，为0.785，最低的是网页数，为0.589。除了互联网宽带接入用户数、移动互联网用户数和网页数，其他数字技术指标都处于0.65～0.8，这说明数字技术对人均花费有较大的影响。

数字技术与限额以上住宿业、餐饮业营业额的灰色关联度见表5-3。住宿业作为旅游产业的重要组成部分，其发展势头自2000年以来一直较为强劲，但在2022年却遭受重创，同时也暴露了住宿业发展中遇到的一些问题。**一是住宿业缺乏管理人才。**住宿业是典型的劳动密集型行业，人才流失一直是其发展的一大难题。经济低迷时期，酒店由于业务停滞，迫于经营压力，会以裁员的方式来缩减成本。同时，酒店工作人员也会因为对行业发展的低预期，而主动选择离开酒店。这种主动和被动的人才流失对于住宿业的长久发展十分不利。长期以来，传统住宿业的管理模式较为简单，但随着酒店向连锁化、集团化、互联网化的方向发展，将会涌现出网络营销、会员体系建设、收益管理、智慧酒店等多种新模式，以及精品酒店、主题酒店等细分市场转换分化，与之相对应，这对酒店管理人才的要求也趋向多元化、复合化，传统管理模式对新变化的不适应和专业人才的短缺严重影响了住宿业的发展。**二是酒店经营同质**

化严重，创新能力不足。目前，我国酒店市场供大于求，竞争激烈。多数酒店缺乏明确的市场定位，未能有效细分客群并提供差异化产品。在产品设计上，许多酒店的装修风格、客房布局、服务流程等基本相同，缺乏创新。在营销手段上，尽管不少酒店采用了互联网营销的方式，但这种方式更多地停留在信息传递上，尚未形成会员体系、奖励机制等较为完整的服务体系，往往采用价格战等低层次的竞争方式，未能形成酒店住宿品牌的用户黏性，最终陷入恶性竞争困局。

数字技术为住宿业的发展带来了新的动力。由表 5–3 可知，8 个数字技术指标与限额以上住宿业营业额的灰色关联度在 0.65 ～ 0.8 的分别是移动电话基站、光缆线路长度、移动电话普及率、互联网宽带接入用户数、移动互联网接入流量，说明这些指标与限额以上住宿业营业额有较强的关联。与限额以上住宿业营业额的灰色关联度在 0.3 ～ 0.65 的是网页数、移动互联网用户数、信息技术服务收入，说明这些指标与限额以上住宿业营业额有中等关联。因此，可以推断出，数字技术与住宿业之间的联系较强，对住宿业具有较强的影响。

表 5–3　数字技术指标与限额以上住宿业、餐饮业营业额的灰色关联度

数字技术指标	与限额以上住宿业营业额的灰色关联度	与限额以上餐饮业营业额的灰色关联度
移动电话基站	0.652	0.670
光缆线路长度	0.654	0.683
移动电话普及率	0.788	0.713
网页数	0.552	0.564
互联网宽带接入用户数	0.683	0.729
移动互联网用户数	0.555	0.716
移动互联网接入流量	0.679	0.679
信息技术服务收入	0.645	0.666

数字技术提升了住宿业的管理水平。通过互联网和大数据技术，游客可以根据个人偏好选择合适的酒店，通过在线平台完成预订、支付，以及退房的全流程操作。离店后，游客可以评价酒店的服务，在线分享住宿体验。酒店管理人员能够在后台查看

游客预订、支付、住宿、评价等全流程数据，从而基于对游客行为、消费等数据的收集和分析，了解游客需求，合理地安排房间和调配资源，并进一步预测客房未来的需求情况，优化服务流程，提高管理水平。另外，在酒店的日常管理中，智能门锁、温控系统、自动化清洁机器人等应用为游客提供了便捷、舒心的服务，这些技术的应用不仅降低了酒店的人力成本，也提高了酒店的管理效率。

数字技术推动了住宿业营销格局的变革和服务体验的提升，创新了酒店住宿业的营销方式。传统的住宿业受到空间限制，酒店管理人员不能较为准确地了解游客需求，而随着大数据技术和互联网的发展，住宿业可以实现游客细分，制定精准的营销策略，根据目标群体提供精准服务。通过社交媒体和在线旅游平台，酒店能扩大知名度，吸引更多的潜在客户。此外，数字技术还为游客提供了全场景智能化住宿体验，智能设备和管理系统不仅简化了操作流程，还极大地提升了住宿的个性化与私密性，为游客打造了高品质的住宿环境。

餐饮业是集食品制作、销售、服务于一体的综合性行业，是一个扩内需、促消费、稳增长、惠民生的服务产业。餐饮业与当地的饮食习俗、文化及旅游产业息息相关，不仅能增加就业机会，提高国民收入，还能跨界融合，与多种产业协同发展，通过产业关联效应促进地方经济增长。

我国餐饮业的发展一直存在 4 个问题。**一是生产要素投入不足。**传统餐饮企业面临现金交易难以核查监管、原材料采购难以获取发票、财务不规范等问题，资金链的规模难以满足企业快速发展的需要，从而导致上市困难，难以做大、做强。餐饮业也存在人才不足的现象，一方面，餐饮业的就业门槛低，对学历、职业技能的要求不高，导致从业人员流动性大，餐饮企业难以长期留住人才。另一方面，餐饮业数字化程度较低，许多餐饮企业还停留在数字化的初级阶段，无法享受数字技术带来的诸多益处。**二是餐饮业产业链不够完善。**首先，上游原材料供应链显著不足。作为餐饮业的基础，农产品的采购过程复杂，多层级、多环节的流通体系导致物流成本高且效率低。农民面临农产品滞销的困境，而城市餐厅则需要支付高昂价格从中间商处采购，在这个过程中，冷链物流与仓储设施的滞后加剧了农产品的损耗，直接提高了餐饮业的原材料成本。**三是中游的餐饮运营环节存在短板**。众多餐饮企业在经营过程中缺乏对区域市场的深入调研，导致在选址、定价、菜品选择及目标群体定位等方面缺乏科学性与前瞻性。仅依赖人力密集与低价竞争的短视策略，难以支撑餐饮企业的可持续发展，严重削弱了餐饮企业的品牌影响力和市场竞争力。**四是下游的营销与销售渠道亦显滞后**。在数字经济迅猛发展的今天，部分餐饮企业仍故步自封，未能有效地融合线上和线下资源，缺乏全渠道的营销策略。另外，餐饮企业对数字技术在企业运营管理、市场推广及品牌建设等方面的应用探索不足，导致其不断错失数字化转型带来的发展机遇，进一步限制了企业自身的发展，降低了顾客满意度。

数字技术与餐饮业发展具有较强的关联。由表 5-3 可知，8 个数字技术指标与限额以上餐饮业营业额的灰色关联度在 0.65 ～ 0.8 的分别是移动电话基站、光缆线路长度、移动电话普及率、互联网宽带接入用户数、移动互联网用户数、移动互联网接入流量、信息技术服务收入，这说明这些指标与餐饮业均具有较强的关联。灰色关联度在 0.3 ～ 0.65 的是网页数，说明这个指标与餐饮业有中等关联。由此可知，数字技术与餐饮业之间的关联较强，对餐饮业具有较强的影响。

数字技术的引入为餐饮业带来了智能化和自动化等高新技术的革新，也为不同餐饮企业的发展提供了解决方案。数字技术包含诸多数字要素，这些要素与传统生产要素相结合，可以实现线上线下创新主体、创新资源、创新关系的融合，为餐饮业的发展带来更多的资源，从而有利于餐饮业激活资金，实现企业做大、做强。数字技术的发展也为餐饮业培育了更多的数字型人才，例如互联网人才、媒体人才和信息人才等，能够推动传统餐饮业的转型升级，为餐饮业发展带来新的活力，也显著提升了餐饮业的运营效率，促进了餐饮企业文化的现代化转型与长远发展，增强了企业的核心竞争力和团队凝聚力，并为吸引并留住优秀人才奠定坚实的基础。

数字技术的引入显著优化了餐饮业的产业链结构，从上游的农产品种植到中游的餐厅运营，再到下游的市场营销，每一环节都能从数字技术中受益。例如，条形码识别技术、射频识别技术、图像识别技术等信息识别技术让餐饮业可以快速地获取原材料、生产加工、仓储运输、市场销售、售后服务等方面的数据，促进供应链管理的透明化，显著提高产业链的工作效率和响应速度。大数据技术的引入使得餐饮业能够深度挖掘前端服务数据与后端反馈数据的价值，精准把握市场需求与顾客偏好，从而制定更加科学的运营策略，有效提升运营效率并降低运营成本。而物联网技术的引入，则实现了餐饮产业链上中下游各环节的深度互联与智能协同。通过智能化识别、定位、跟踪与管理物品，不仅显著降低运输成本，还大幅提升供应链的整体运作效率与灵活性。

第6章

数字技术赋能我国文化与旅游产业发展前景

6.1 数字技术赋能我国文化产业发展前景

随着科技的快速发展和互联网的普及，数字技术正以前所未有的速度渗透文化产业的各个领域，成为推动文化产业高质量发展的关键力量。5G网络、光纤宽带、物联网覆盖范围日益广泛，应用场景不断丰富。大数据、人工智能、芯片等核心技术不断取得突破，为我国数字经济的发展提供了强有力的支撑。以移动电话基站为例，2022年我国移动电话基站有1083.4万个，根据移动平均法，预计2027年我国移动电话基站的数量将达到1512.8万个，2032年达到1942.1万个。数字技术的发展和应用将促使文化产业迎来更加广阔的发展前景。

首先，数字技术将催生更多的文化产业新业态，为文化与科技的融合提供重要支撑，使得传统文化产业向数字文化产业跃迁。数字文化产业作为一种新业态，其形成离不开数字化要素、数字化驱动、数字化环境、数字化网络和数字化主体等因素，各种因素相互关联，呈现多角度、多关联性的特征。根据数字文化产业的不同形态，可以将其划分为新创业态、融合业态和改造业态3种类型。

文化产业的核心特征在于其不断涌现的新创业态。随着“互联网+”思维模式的普及，文化产业正经历着前所未有的变革，以新兴科技为例，虚拟现实、增强现实、人工智能、元宇宙等被视作关键生产要素，深度融入文化创作、传播及传统行业的转型升级中。虚拟现实和增强现实技术让观众能够身临其境地进入影视故事当中，人工智能技术让文化内容创作更具智能化和个性化，而元宇宙概念的引入则为文化产品构建了全新的交互空间。这一系列技术革新不仅为文化产业注入了新的生命力，还能够促进产业链上下游的优化整合，从内容创作、生产制作到传播分发的各个环节都因数字技术的融入而变得更加高效。以湖南文化产业为例，其积极利用互联网信息技术，创新文化传播方式。通过“快乐购”等电视购物平台，以及“手机报”“数字书影音资源”等数字出版业态，湖南文化产业成功实现了传统文化产业的数字化转型，为观众提供了更加便捷、丰富的文化消费体验。这些实践不仅展示了文化产业创新业态的活力与潜力，也为其他地区的文化产业数字化创新提供了宝贵的经验和启示。

融合业态指的是互联网技术与文化产业相融合产生的新业态，例如将互联网技术与游戏融合形成网络游戏产业，将互联网技术与电视融合形成在线电视产业，将互联网技术与电影融合形成在线电影产业，将互联网技术与书籍融合形成在线书籍产业等。

改造业态指的是用大数据、云计算、人工智能等数字技术对传统文化产业进行改造，使其适应新时代社会经济的发展。

数字文化产业多种形态的出现不但丰富了人们的文化生活，也将产生巨大的经济价值。按照移动平均法预测，2027 年，我国文化制造业的总资产将达到 48607 亿元，文化批发和零售业总资产将达到 18363 亿元，文化服务业总资产将达到 192702 亿元。2032 年，我国文化制造业总资产将达到 57979 亿元，文化批发和零售业总资产将达到 22019 亿元，文化服务业总资产将达到 253717 亿元。

其次，数字技术的引入将促进科学技术与文化产业深度融合，特别是在教育出版领域。数字技术将通过数字化教材、在线教育平台、移动学习应用、智能教育辅助工具，以及跨界合作等各个维度，深刻改变教育出版业的面貌，并推动该行业蓬勃发展。根据移动平均法，预计 2027 年，我国图书总印数将达到 129.9 亿册，期刊总印数达到 15.1 亿册，报纸总印数达到 212.1 亿册。预计 2032 年，我国图书总印数将达到 145.7 亿册，期刊总印数达到 10.8 亿册，报纸总印数达到 153.1 亿册。

数字技术的发展将对传统的纸质出版行业产生重大冲击，迫使传统纸质出版行业向数字化、信息化和网络化转型。以互动性、定制性和多媒体性为特点的电子书和网络教材等数字化产品不断涌现，不同学习者的多样化和个性化需求也将在这个过程中不断得到满足。数字技术打破教育的空间限制，使得上课不再局限于物理教室。在线教育平台例如网络课程、教学视频、互动学习社区等应运而生，为学习者提供灵活多样的学习途径。学习者可以通过在线平台自主学习、远程听课，并利用学习软件解答问题。

移动设备的普及将进一步推动移动学习的发展，移动学习将成为深受广大群众喜爱的新兴领域。通过各类App、微信公众号、小程序等移动应用，学习者可以充分利用碎片时间进行学习。

教育出版企业、教学单位、科技公司等多方之间的合作也将随着数字技术的发展和应用变得愈加紧密。例如，教育出版企业、教学单位共同开发数字化教材、在线课程、虚拟实验室等高质量的教育产品，从而实现教育资源的优化配置和共享。教育出版企业、教学单位与科技公司携手合作，基于学生的学习行为和兴趣偏好，开发更具个性化、差异化的教学内容。通过智能推荐系统为学生推荐适合自身学习水平和兴趣爱好的学习资源，利用虚拟现实和增强现实技术提供沉浸式学习体验，让学生可以在虚拟环境中进行实践操作。

未来，数字技术与文化产业的融合将逐步加深，一个由多方参与者共同构建的数字文化网络系统将逐步形成。该系统以数字文化为核心，涵盖中心、外围及次外围等多个层次，各层次间相互关联、深度融合，不仅促进新思想、新知识的交流与碰撞，还将打通并巩固多种渠道，催生更多高质量的数字文化内容。

在数字技术的强劲驱动下，未来文化产业链供给端、生产端与需求端之间的界限将变得更加模糊，各主体在全新的数字文化产业中将重新定位，形成新的价值链条。这个过程不仅使文化产业的内容质量和生产效率得到提升，而且还通过价值分配机制，促进了消费模式的革新和价值链的共创共享。

价值链的重构与数字文化网络系统相互促进、相辅相成。价值链的重构提升了数字文化产业的整体价值，增强了数字文化网络系统的包容性。同时，数字文化网络系统的不断完善，为数字内容的平台化、数字产品的网络化推广，以及数字消费体验的场景化提供了有力支撑，进一步巩固和强化了数字文化产业链，实现了产业链的稳固发展与升级。

最后，数字技术将促进文化产业向高端化发展。随着互联网技术与信息技术的发展，知识的传播界限被拓宽，实现了跨越地理与时间限制的即时连通，使得全球范围内的知识共享成为日常。这一深刻的变革显著降低了人们探索与获取知识的门槛和成本，不仅为企业和个人提供了更为丰富、高效的创新资源，还极大地激发了全社会的创新热情与创新活力。在这样的环境中，文化产业得以与科技元素深度融合，实现内容、形式及传播方式的全面升级，从而迈向更加高端、多元的发展新阶段。

未来，全球范围内将高度重视知识共享与数字技术，将加速创新主体的多元化进程。在这一趋势下，企业、个人、科研机构、高等院校等关键力量将以前所未有的深度融入文化产业的创新生态体系之中。这些来自不同领域的创新主体，通过知识、技术与资源的有效整合与优化配置，促进思维碰撞与灵感激发，将为文化产业的发展开辟更加广阔的创新空间，共同孕育更具前瞻性、创新性和市场竞争力的文化产品与服务。

数字技术赋能文化产业，将深刻改变文化产业的创作、生产、传播和消费方式。人工智能、大数据、云计算等数字技术的应用，将极大地提升文化内容的创作效率和创新能力；虚拟现实、增强现实、混合现实等技术的应用将为观众提供沉浸式体验，让文化产品更加生动、有趣。社交媒体、短视频平台、在线直播等新兴媒体形式将为文化内容提供广阔的展示空间，加速文化产品的全球化传播。个性化、互动化、体验化将成为新的消费趋势。消费者将不再是文化产品的被动接受者，而是能够逐渐参与内容创作、传播和分享的主动参与者。

数字技术将重塑文化产业的生态，从生产端和消费端两侧推动文化产业向高端化发展。在生产端，数字技术的应用，特别是大数据分析与人工智能的深度融合，将极大地优化文化产品的生产流程与结构，不仅促使文化产业的生产效率得到提升，还能够让文化产品更加精准地符合市场需求，实现文化产品从量到质的飞跃。通过建立基于人工智能、大数据、云计算等技术的数字文化平台，文化产业内部及与其他产业间的界限将进一步模糊，形成集生产、分发、服务于一体的综合性产业集群。这种集群效应不仅能够增强文化产业的整体竞争力，还可以有效抵御因市场不确定性带来的风险。而在消费端，随着数字经济时代的到来，用户的消费习惯与需求将不断发生变化，从单一的物质追求转向对精神文化的多元化、个性化需求。文化企业需要敏锐地捕捉这一趋势，更加注重与消费者的互动与反馈，通过大数据分析等技术手段深入了解消费者的偏好与需求变化，从而指导文化产品的创作与生产。这种以消费者为中心的理念，将促使文化产品不断迭代升级，更加贴近消费者的实际需求，推动文化产业向高端化发展。

未来，物联网、大数据、人工智能等前沿数字技术将迎来更为显著的飞跃，文化产业与数字技术的融合也将达到前所未有的深度。文化产业与数字技术的协同作用，将为文化产业带来革命性的变革，深刻影响设计、研发、创新及生产等各个环节，引领文化产业持续发展。

在此基础上，数字技术还将促进文化产业与其他行业的深度融合，形成跨界融合的新业态、新模式。这不仅拓宽了文化产业的边界，还为文化产业注入新的活力与动力，推动其从“价值洼地”向“价值高地”跃升。

6.2 数字技术赋能我国旅游产业发展前景

近年来，我国大数据、云计算、人工智能等数字技术在全球科技创新中占据了较高的地位，5G、高端芯片、高性能计算机、操作系统等研究取得了重大的成果。这些数字技术在旅游产业的应用，推动了旅游产业的智能化升级，社交媒体、短视频、直播等传播形式实现了旅游产品的实时更新和便捷获取。新的数字技术应用不仅提高了我国旅游产业的运行效率，更为我国旅游产业的未来发展提供了广阔的前景。

数字技术是一种依托特定设备，将广泛存在的物理形态信息转化为计算机可直接识别与处理的数字信号的技术。此过程涵盖了信息编码、精细处理、高效存储、快速传输等环节，它以数字化的方式记录、管理、传播、存储及复制各类信息。数字技术作为现代经济体系中的关键生产要素，正深刻融入并重塑着传统旅游产业的各个环节，并通过其独特的赋能作用，与传统生产要素深度融合、协同进化，共同构造了一种高效、全新的生产力要素。新兴要素深度挖掘了数字技术的内在潜力，并将其转化为推动旅游产业创新的强大动力。它不仅为旅游产业注入了前所未有的活力，而且还引领着整个行业沿着更加智能化、高度个性化，以及可持续发展的道路前进，开启了旅游产业发展的新篇章。

数字技术能够畅通信息共享通道，打破产业之间的数据壁垒，增进旅游产业上下游企业之间、不同分工模块之间的条块联动，使跨领域、跨区域的时空联动发展成为可能，催生出多种旅游产业新业态。首先，新一代通信技术的快速发展能为旅游产业提供高速、实时的数据传输通道。通过信息流通和数据互联，旅游产业可以使用高速率、低时延的通信网络，为旅游产业多种新业态的出现提供了技术基础。其次，随着大数据和云计算技术的迅猛发展，旅游产业的配套服务均实现了显著的优化与提升，例如，精准气象监测、高效基础设施维护、快速应急响应等。数字技术不仅为传统旅游业务注入了新的活力，更为跨时空旅行、多领域融合等新兴旅游业态的出现提供了坚实的技术支撑。另外，区块链技术的引入，以其独有的不易篡改性、多方共识机制及智能合约功能，为旅游产业的透明度与信任度构建了全新的基石。它确保了旅游信息的真实可靠，促进了旅游资源的公平分配与有效管理，为旅游新业态的蓬勃发展提供了强有力的技术保障。

在数字技术的驱动下，“旅游 + 农业”“旅游 + 文化”“旅游 + 体育”“旅游 + 低空”“旅游 + 虚拟技术”等新业态不断涌现。各种新业态不仅可以丰富旅游产品的种类，更能够满足游客日益增长的多元化、个性化的旅游需求。游客可以根据自己的兴趣与偏好，灵活选择自驾游、散客游等旅游方式，按照需要及时调整旅游计划，及时有效地维护旅游过程中的正当权益，享受更加自由、便捷、舒心的旅游体验。

数字技术具有强大的信息收集、分析与管理能力，为旅游产业链的稳固、重构与升级提供了坚实的技术支撑。通过运用大数据、云计算等前沿技术，旅游数据得以被高效存储、精准处理与深度分析，而云服务与数字平台的广泛应用则进一步对数字基础设施进行了优化，为旅游产业的数字化转型奠定了坚实的基础。在此基础上，数字技术在文化与旅游产业的应用将有效连接旅游产业的上下游及周边产业，使旅游产业内各行业、各部门的职能界限更加明确，旅游企业的类型、规模、所有制比例等更加适当，整个旅游产业体系更加协调和平衡，产业结构也更加合理。

在数字技术的有效支撑下，旅游产业上下游及周边产业可以不断吸纳更多的旅游企业，形成跨区域的旅游平台。跨区域的旅游平台能够打破地域界限，推动旅游产业向模块化、融合化方向发展，并形成显著的产业集聚效应。产业集聚效应能够放大数字旅游在国民经济中的影响力，进一步促进数字技术与旅游产业以及其他产业的深度融合与协调发展，为经济与社会发展带来双重效益。

旅游企业的集聚与跨区域平台的建立，将显著提高资源配置效率和对游客需求的快速响应能力。通过统筹协调多方资源，旅游企业能够更加精准地把握市场动态，加快旅游产品的迭代与创新速度。这不仅推动了旅游产业的规模化、集约化发展，为游客提供更加丰富、优质的旅游体验，也将进一步激发旅游市场的活力与创造力，为旅游产业的持续繁荣注入强劲的动力。

数字技术的持续创新与深度变革，使得旅游产业结构向高级化演进。这种演进是在旅游产业结构合理化的基础上进行的，它进一步强化旅游产业在国民经济中的重要地位，强调通过提升附加值，深化资源开发的广度与深度，推动资产与技术结构向更高级别发展。高级别的旅游产业更加注重数字化、网络化的一体化融合发展，通过科技赋能，实现旅游产业的全面升级与转型。

虚拟现实与增强现实等数字技术的发展丰富了多种旅游场景，扩大了旅游产业规模；数字平台与移动终端的普及，畅通了旅游产业之间、旅游产业与其他之间的信息通道，增加了旅游内容，便利了旅游方式；人工智能、云计算、大数据、区块链技术的应用，增强了游客的旅游体验，保障了游客安全。旅游产业的数字化发展，不但使得旅游产品的科技含量更高，也使得高附加值旅游产业在旅游产业总值中的比重得到明显提升。未来，更多新的数字技术被应用于旅游产业，将使得旅游产业经济效应更加明显，旅游产业结构更加高级。

数字技术与旅游产业的深度融合，带来了旅游产业的革命性改变。旅游产业改变了以往的单一经营模式，除了旅游产业本身，还带动了住宿、交通、餐饮等相关行业的协同发展，形成了强大的产业联动效应。旅游产业通过与上下游企业及周边产业的深度融合，构建了一个错综复杂但又紧密相连的产业网络，将显著增强旅游产业的综合竞争力。随着旅游产业网络化的发展，旅游产业的产业链将不断延伸，这不仅丰富了旅游产品的种类与层次，还将拓宽旅游市场的边界，促使旅游产业持续繁荣。

数字技术在促进旅游产业发展的同时，也使得旅游产业与周边产业更加融合，形成产业相融、资源开发、创新利用并重的经济发展新模式。融合化发展使得产业一体化趋势明显增强，大型旅游集团与跨国旅游集团蓬勃兴起。集团化经营通过优化旅游产品供给，提高产业效率，使得旅游产业的发展更加合理且高效，资产利用率也随之显著提升。在数字技术广泛融入的背景下，人才链、资金链、服务链、政策链等多维度链条均以数字技术为核心，与产品链紧密交织，共同驱动旅游产业的全面进步。

数字技术与旅游产业的深度融合，将打破传统旅游企业间的界限，促进旅游生态系统内各产业间的资源互补与协同创新。通过数据的开放、流动与共享，旅游产业链上游、中游、下游及周边产业能够形成紧密相连、相互依存的生态系统。深度融合不仅可以加速旅游产业的内部融合与集聚效应的产生，还推动了绿色技术和资源在更广泛范围内的有效配置与利用，促使旅游资源的配置水平、旅游产品的个性化定制能力，以及旅游服务的智能化管理水平得以提升。

数字技术的进一步发展使得绿色旅游更加普及，促使旅游产业结构绿色化。旅游产业结构绿色化指的是在产业结构合理化、产业结构高级化的基础上，运用数字技术对旅游产业进行全面革新，其强调人与自然、人与环境和谐共生，最终实现生态效益、经济效益与社会效益的和谐统一。人工智能、大数据、云计算、物联网等前沿数字技术的广泛应用，为旅游产业的绿色化进程注入了强大动力。它们不仅能够促进旅游产业数字基础设施的完善和数字网络平台的构建，还将深刻改变旅游生产、分配、消费等各个环节，推动其向绿色化、低碳化方向发展。

在数字技术的支持下，旅游景区的运营效率和管理水平将得到大幅提升。通过智能监控系统，景区不仅可以实时监控游客流量、车辆调度、环境状况等，及时作出调整，优化资源配置，减少碳排放，还能够评估旅游活动对自然环境的影响，采取更加科学有效的保护措施。通过采用电子票务、无纸化服务等措施，旅游景区不断降低服务过程中的资源消耗。

借助人工智能、大数据、云计算等技术，旅游服务将变得更加个性化和智能化，通过绿色理念与旅游的深度融合，游客在享受定制化服务的同时，将能够感受到绿色旅游的魅力。游客在规划行程时，智能系统能够根据游客的偏好及环保理念，向其推荐低碳出行方式、绿色住宿选项及环保景点，鼓励游客减少碳足迹。智能手环和手机应用可以提供个性化导航、健康监测、环保提醒等服务，鼓励游客优先采取步行、骑行、公共交通等方式，让游客在旅途中也能为环境保护贡献一份力量。借助虚拟现实和增强现实技术，游客可以在家中探索旅游目的地，选择感兴趣的景点，减少不必要的资源消耗。

旅游管理部门可以利用大数据分析游客行为，进而优化旅游资源配置，减少资源浪费和环境污染；通过分析游客流量数据，合理调整景区开放时间、交通路线，确保旅游活动的高效有序进行，同时减轻对自然环境的影响。旅游管理部门将通过更多的数字化手段进行环保宣传，例如，通过智能导览 App、社交媒体平台、虚拟现实技术等，向游客传递绿色发展和生态保护的重要性。智能导览 App 可以实时提醒游客最近的垃圾分类回收站位置，鼓励垃圾分类投放。同时，智能导览 App 设置的“环保打卡”功能，可以让参与环保行动的游客获得虚拟奖励或优惠券，以此提高游客的环保积极性，共同维护景区卫生。旅游管理部门可以在社交媒体上发起“绿色旅行”“无痕山林”等话题挑战，利用短视频、直播等形式展示环保的旅游方式，吸引游客参与并分享自己的环保行动，形成良好的环保旅游风尚。此外，旅游管理部门还可以利用虚拟现实技术模拟展示人类活动对自然环境造成的破坏及其后果，让游客在沉浸式体验中深刻感受到保护生态环境的重要性，从而在现实中更加自觉地爱护环境，减少旅游活动对自然环境造成的负面影响，实现旅游产业发展与生态保护的和谐共生。

第7章

我国文化与旅游产业数字化发展的对策与建议

7.1 我国文化产业数字化发展的对策与建议

7.1.1 增强数字基础设施投资，稳固文化产业数字化转型基石

数字基础设施是文化产业实现数字化发展的基础，应加大数字网络基础设施建设投入，建设移动基站、互联网基础设施等，确保网络能覆盖到更广阔的地区，以最大化地提升公众获取互联网资源的能力，丰富公众的文化体验。要积极利用并引领5G、6G等前沿技术，加快新型网络基础设施的建设步伐，通过更快速度和更具稳定性的网络支撑，助力文化产业实现更高层次的创新与发展。

要整合通信基站、卫星通信与定位系统、无人机等多元化基础设施，打造集成度高、协同性强的综合通信网络生态，通过其提供的无缝通信、高精度空间感知等先进服务，为文化产业的多样化场景应用提供全方位的技术保障。要构建包括云计算中心、大数据处理枢纽、工业互联网平台及物联网生态系统在内的全方位信息服务基础设施网络，并以此为基础，进一步完善数据从初步感知、高速传输、安全存储到智能运算的全流程配套设施，通过其强大的海量数据处理能力，为文化产业产品的创作和传播提供有力支撑。

文化产业的数字化发展基础设施建设，既包括以“数据＋算力＋算法”为框架的“硬”基础设施建设，也包括与之相匹配的数字文化人才“软”基础设施的建设。要加强政府、企业、高校及社会各界的协同合作，全面激活并优化人才资源布局，共同构建适应时代发展需求的数字文化人才生态体系。

不断优化和完善政策环境。地方政府应出台一系列支持数字文化人才发展的政策措施，例如税收优惠、补贴奖励、创业扶持等，以减轻文化企业负担，激发文化市场活力，促进数字文化人才的培养。应建立健全相关法律法规体系，明确界定数字文化

产品的知识产权归属，加大对侵权盗版行为的打击力度，确保创作者的合法权益得到充分保护，营造公平、有序的市场环境。通过政策引导与市场机制的双重作用，吸引更多优秀人才投身数字文化产业，推动其持续健康发展。

持续深化多方合作。文化企业应积极与高校及科研机构建立深度合作关系，除了提供资金支持与培训机会外，还应共同参与课程开发、项目研究及成果转化，形成产、学、研、用一体化的人才培养链条。基于文化企业为高校学生提供的实践平台，学生能够在真实的工作环境中得到锻炼成长，同时，文化企业的实际需求也能快速、有效地传递到学校，有助于适时调整高校的教育方向，使人才的培养更具针对性与实用性。地方政府、高校及企业也可以利用其国际资源，共同搭建与国际投资者、合作伙伴及行业专家的交流平台，组织海外研修、国际论坛等活动，通过资本、技术、市场的有效对接，提升在国际文化市场中的竞争力。

采取措施革新教育体系。高校应主动适应产业需求，调整人才培养方案，增设数字文化创新相关课程与学科，融合数字技术、创意设计、文化管理等多元知识体系，以培养具备跨学科能力的新时代数字文化人才。同时，高校应加强与企业和科研机构的合作，通过设立专项奖学金、共建实训基地、提供实习机会等方式，为学生提供实战演练的平台，培养其创新思维与解决问题的能力。

7.1.2 构建先进数字技术平台，驱动文化产业实现高质量发展

数字技术平台是集成软件系统、模块化与可扩展的代码库等核心构件，并深度融合了云计算、大数据分析、人工智能、物联网等前沿技术，为各行各业提供全方位、定制化、数字化解决方案的综合性平台。数字技术平台具有高度共享性，能够无缝对接组织内部各部门，以及跨组织、跨行业的数据、资源与服务，灵活适配不同行业、不同企业的多样化需求。

在数字经济浪潮的推动下，数字化已成为文化产业机构、部门、企业等转型升级的必由之路。在这个过程中，数字技术平台如同智能向导，引领文化产业从传统的线下业务无缝迁移到线上，实现业务流程的自动化与智能化。这种从线下到线上的业

务重构不仅深刻地改变了文化产业组织的运营模式，还降低了文化产业组织的运营成本，提升了文化产品的生产效率和生产质量，并为其长远发展奠定了坚实的基础，进一步推动文化产业高质量发展。

基于先进的数字技术平台，文化产业可以实现对多元文化资源的深度挖掘与整合，创造形式多样的数字文化产品。这些数字文化产品不仅能够体现文化产业自身的转型发展，而且通过与其他产业的跨界融合，也能够使文化产业迸发出前所未有的创新活力。一方面，借助数字技术平台，能够实现文化产品的颠覆性创新。将时代特色与历史文化精髓巧妙融合，设计出丰富多彩的文化创意产品。例如，以徽州文化元素为创意设计的各种文创产品，以古建筑为灵感设计的各种文创产品等。文化产品的创新设计，既有利于文化产业结构优化升级，也能够促进文化产业高质量发展。另一方面，数字技术平台为文化产业与其他产业的深度融合架设了桥梁。通过应用虚拟现实、增强现实、混合现实等前沿技术，游客能够在旅行过程中身临其境地感受历史文化的厚重与魅力，对历史建筑、景点及文化遗产有更加直观和深刻的理解。通过将文化产业数字技术平台与教育产业深度融合，开发出在线教学、数字教材、学习视频等教育工具和教学内容，让受众群体充分利用碎片化时间，有选择性地接受文化教育和文学熏陶。

数字技术平台是一个资源集中、数据共享共通的平台，它汇聚了丰富、多样的文化资源，并实现了数据的无缝共享与互通。该平台的核心价值在于通过先进的数字技术，例如云计算、虚拟现实、增强现实等，极大地丰富用户服务体验的维度，实现从标准化服务向高度个性化和多元化服务的转变。这种转变不仅能够满足用户日益增长的多样化需求，还能够显著提升用户的满意度，进而形成正向反馈循环，从而助力文化企业在激烈的市场竞争中脱颖而出。

搭建数字技术平台能够催生“文化＋旅游”“文化＋体育”“文化＋教育”等多种新兴产业。这些新兴产业具有创新性和高成长性的特征，它们不仅丰富了文化产业的内涵，也拓宽了文化产业的外延，为文化产业的发展开辟了新的发展路径。数字技术平台通过融合不同领域的文化元素，增加了文化产品的内涵。这种融合不仅能够丰富文化产品的表现形式，还能够提升文化产品的附加值。通过数字技术平台，文化产业可以更加深入地挖掘和传承中华优秀传统文化，同时吸收现代文化的精髓，形成具有独特魅力的文化产品。数字技术平台促进了不同产业之间的融合，为实现不同资源的优化配置奠定了基础，使得人才、资本、技术等生产要素得以在更广阔的范围内进行流动和重组，通过产业融合协同效应，产生“1+1>2”的经济效果，共同形成优势互补、共生共赢的新产业生态系统。

7.1.3 深化文化科技创新融合，加速文化产业数字化转型升级

随着数字技术的发展，文化产业正经历着前所未有的变革与升级，涌现了丰富多样的新兴文化产品。为了适应新的数字技术和新的消费趋势，文化产业需要不断保持创新意识，提高产品的竞争力和吸引力，以推动我国文化产业的持续繁荣。

文化产业应广泛宣传创新理念，强化创新意识，培育创新生态，鼓励从业者树立“创新驱动发展”的战略思维，勇于突破传统框架，积极探索新技术、新业态、新模式。文化产业组织、机构、企业等要营造包容、开放的创新氛围，降低创新试错成本，激发员工的创新热情与潜能，营造人人参与创新的良好氛围。

政府、高校及职业教育机构应紧密合作，加强人才培养与引进，提升创新能力。政府要出台一系列政策，鼓励和推动公众参与数字文化教育与培训。高等教育和职业教育的课程体系中要设置与数字文化相关的创新课程，培养学生的创新思维，树立数字文化创新意识，提高学生的创造力和解决问题的能力。同时，开展对在职人员的数字文化产业专项培训，提升其专业技能与创新能力，为文化产业的数字化转型提供坚实的人才支撑。此外，还应积极引进国内外顶尖人才，为文化产业创新注入新鲜血液。

数字文化产业的科技创新，离不开财政支持，政府应在其中扮演关键角色，通过一系列的政策和法律法规激励和支持文化领域的创新活动。政府应制定并优化税收减免、贷款贴息、资金补助等优惠政策，针对数字文化企业的研发创新活动给予明确的政策倾斜，通过减轻企业的研发负担，激发其创新活力。政府应设立专项基金，用

于支持数字文化企业的技术研发、项目孵化及市场推广等关键环节，利用专项基金支持成功案例的示范作用，吸引更多企业投身于创新实践。除了直接的财政支持，政府还应积极引导和鼓励社会资本参与数字文化产业的创新投资。通过建立风险投资基金、引导社会资本制订专项投资计划等方式，拓宽融资渠道，形成政府引导、市场主导、社会参与的多元化融资格局。此外，政府还应建立有效的创新成果评估与反馈机制，对取得显著成效的创新项目给予表彰和奖励，鼓励企业分享创新经验和技术成果，通过正向激励效应，促进文化产业内的知识交流与资源共享，从而加速整个文化产业的技术进步和产业升级。

另外，数字文化企业应树立创新主体意识，建立健全内部研发体系，将研发投入纳入企业的长期战略规划，并确保研发经费稳定增长。通过加大新技术、新产品、新模式的研发力度和资金投入，不断提升企业的核心竞争力和市场适应能力。

在深化文化科技创新融合的过程中，要强化技术成果向实际业务的有效转化，应通过双轮驱动推动数字文化产业蓬勃发展，以此实现文化企业与社会经济的双赢局面。**首先，应充分运用大数据技术，深入洞察数字文化产业市场需求**。通过对海量市场数据的挖掘与分析，精准地把握数字文化产业的技术缺口与发展方向，从而确保技术开发的针对性与前瞻性。**然后，应构建基于云计算的文化产业资源共享平台**。为文化企业、科研机构及个人之间的知识交流、资源共享、产品研发和实际应用建立高效便捷的信息通道，推动产、学、研、用的深度融合。**其次，应将用户体验置于技术迭代的核心位置，建立完善的用户反馈机制**。对大数据、虚拟现实、增强现实、人工智能等前沿技术的实际应用效果进行实时监测与评估，并基于用户的反馈意见，不断快速迭代和优化技术产品，确保技术创新始终贴近市场需求和用户体验。**最后，应强调技术转化与应用的实效性**。通过构建高效的技术转化机制，确保技术成果能够快速、准确地对接市场需求，实现商业化应用。并加强对技术转化过程的监督与评估，确保技术转化的质量与效益，让技术成果能够真正成为推动数字文化产业转型升级的强大动力。

7.2 我国旅游产业数字化发展的对策与建议

7.2.1 强化数字技术支撑，构建数字旅游产业平台

构建基于先进数字技术的数字旅游产业平台，是提升游客旅游体验、驱动旅游产业创新发展的关键举措。这一平台的建立，不仅深刻影响着消费者的旅行方式，更促使旅游产业的未来格局发生变革。

数字旅游产业平台通过集成大数据、云计算等先进技术，能够为游客提供个性化的旅游规划，实现旅行轻装上阵，简化行程安排，有效降低旅行成本，并大幅提高旅行效率与便利性。此外，借助虚拟现实、增强现实、智能导览等前沿技术，平台能够提供沉浸式旅游体验，让游客仿佛身临其境，极大地增强旅游的趣味性和参与感，进而提升游客的获得感。

旅游企业应积极拥抱云计算、大数据、人工智能、物联网等先进数字技术，以这些技术为基石，构建稳定、安全的平台运行环境。同时，保持技术的持续更新迭代，不断优化平台技术架构，以适应行业快速发展和技术变革的需求。在设计数字旅游产业平台时，应将用户体验置于首要位置，打造简洁、美观、直观的操作界面，让用户能够迅速定位所需信息，享受流畅的浏览体验。平台应能够提供高效的在线咨询、投诉处理服务，确保用户反馈能够得到及时响应与妥善处理，提升用户满意度。

打造数字旅游产业平台，可以促进旅游产业与其他产业的融合。例如，数字旅游产业平台将旅游和文化融为一体，在平台上，游客不仅可以享受自然风光，了解传统的历史建筑，还能激发对传统文化的兴趣和热爱，并促进对传统文化的传播与传承。同时，数字旅游产业平台也能够成为展示国家旅游发展水平与文化软实力的重要平台。通过这一平台，我国可以向世界展示我国独特的旅游资源、文化底蕴和创新成果，吸引更多的国际游客，进而提升我国旅游品牌的国际影响力和竞争力。此外，平

台提供的个性化、智能化服务可以满足不同游客群体的多元化需求，这对促进我国旅游消费的升级和旅游产业结构的优化具有重要意义。旅游企业通过数字旅游产业平台打造品牌时，应制定科学合理的战略规划，深度剖析市场需求、前沿技术及竞争对手态势，确保数字旅游平台规划既具备前瞻性又具备可实施性，既可以满足企业当前的发展需求，又能够兼顾旅游企业可持续发展的目标。

构建数字旅游产业平台，需要紧跟市场动态，精准把握旅游产业的发展趋势与游客偏好的演变，挖掘并把握潜在的商业机遇。因此，平台开发者不仅要具备敏锐的市场洞察力，还要深入了解并分析不同游客群体的特征，包括年龄层、性别分布、兴趣偏好，以及消费能力等，以此为基础设计个性化、定制化的旅游服务方案。在这个过程中，地方政府应扮演积极和主动的角色，利用其在政策引导、资源整合方面的优势，携手旅游企业界与科研机构，共同推进集成化、智能化的数字旅游产业平台建设。通过广泛汇聚旅游、文化及服务资源，高效地共享信息，确保平台内容的丰富性与时效性。在数字旅游产业平台构建过程中，应将用户信息安全作为重中之重，通过采用先进的加密技术，构建坚固的防火墙体系，制定详尽的用户隐私政策等措施，防止非法访问与数据泄露。此外，在运营数字旅游产业平台时，旅游企业必须严格遵守国家相关法律法规，确保平台的合法性与合规性。要建立健全监管机制，定期对平台进行自查自纠，及时发现并解决潜在的问题，确保平台安全稳定运行，保护用户隐私与财产安全。

数字旅游产业平台应充分利用前沿科技，例如3D扫描、虚拟现实、增强现实等技术，打造沉浸式旅游体验，让游客只需轻点屏幕，即可身临其境地探索旅游目的地的每一处细节。同时，平台应运用智能算法，根据游客的个性化需求，智能推荐最适合的旅游内容与行程规划，提升服务的贴心度与吸引力。此外，数字旅游产业平台还应构建完善、高效、安全的服务体系，依托物联网、人工智能和区块链等先进技术，优化管理流程，确保交易安全，为游客提供从出行规划到目的地体验的全方位、高品质服务。

7.2.2 补齐关键要素短板，提升数字旅游产业综合竞争力

在数字技术日新月异的时代背景下，旅游产业的构成要素已发生深刻变革，超越了传统的劳动力和资本范畴。数字技术与创新能力的深度融合，正以前所未有的方式重塑旅游产业，为其带来了全新的面貌与无限潜力。然而，在转型过程中，尽管新兴生产要素展现出巨大潜力，但也不可避免地暴露出诸多短板与挑战。为此，亟须采取有效的措施补齐这些关键要素短板，以全面提升数字旅游产业的综合竞争力。

应建立完善的顶层设计和政策框架，为数字旅游产业的全面发展提供坚实的政策支持。顶层设计要确立数字旅游产业在国家经济发展中的战略地位，明确其作为新兴产业、现代服务业重要组成部分的角色。应根据区域资源禀赋、市场需求和发展潜力，合理规划数字旅游产业的区域布局，促进产业集聚和协同发展。应明确数字旅游产业的发展目标，并据此从技术创新、人才培养、资本投入等方面制定一系列具有前瞻性和可操作性的政策措施，通过完善政策框架、加强部门协作、推动技术创新和人才培养、拓展资本投入渠道与机制等措施的实施，提升数字旅游产业的整体创新能力和竞争力。

人才是旅游产业数字化发展的关键要素，在数字时代背景下，掌握先进数字技术并深刻理解旅游产业发展趋势的复合型人才，对于推动数字旅游产业的蓬勃发展具有不可替代的作用。

在推动旅游产业数字化发展的过程中，要强化人才与技术的深度融合，鼓励跨学科、跨领域的合作与交流，让技术人才深入了解旅游产业的实际需求，让旅游从业者掌握最新的数字技术应用，让技术成果能够在旅游产业中得到加速转化与应用。要完善人才培养、引进与使用机制，建立多层次的数字旅游产业人才培养体系，通过制定具有竞争力的引才政策，吸引国内外顶尖的数字旅游领域的专家和优秀人才。同时，建立灵活高效的人才使用机制，打破行业壁垒，促进人才在数字旅游产业内的合理流动与优化配置。此外，要构建综合培训体系，强化创新思维与服务意识，针对在职人员，建立定期的培训与进修制度，不断更新其知识体系，提升专业技能。在培

训过程中，注重培养学员的创新思维能力和问题解决能力，鼓励其勇敢尝试新方法、新思路。同时，强调服务在数字旅游产业中的重要性，培养以客户为中心的服务理念，提升学员的服务质量和客户满意度。

为加速数字旅游产业的创新与发展，应积极倡导并深化文化企业与高校、科研机构之间的合作机制，携手共建联合实验室、研究中心等高端平台。基于这些高端平台，一方面可以将旅游产业数字化的相关理论与实践进行深度融合，从而培养兼具跨学科视野和协同创新能力的复合型人才，架起数字技术与旅游产业之间的桥梁；另一方面，通过这些高端平台汇聚的行业精英与专家学者，可以形成高端智库，为旅游产业的数字化发展提供专业化的智力支持与战略指导。

对于我国旅游产业的数字化发展，资金支持的作用至关重要，弥补资金短板是关键的环节和步骤。由于旅游景区的开发、数字技术在旅游景区的集成与应用等环节均需要大量的资金支撑。因此，应采取政府财政、金融支持、社会资本多方供给的模式，共同为数字旅游产业的快速发展提供坚实的资金保障和动力支持。其中，政府应扮演关键角色，通过财政与金融双重手段为产业赋能。例如，政府可设立专项扶持基金，专项用于旅游产品的创新研发、品牌国际化推广及市场深度开拓。同时，政府应积极引导并鼓励社会资本流向数字旅游产业，通过税收优惠、降低门槛、提高收益等措施，吸引社会资本为旅游产业的数字化发展提供持续性的资金注入。

为促进社会资本的有效融入，可采用公私合作、股权投资、风险投资等机制，探索“政府引导基金＋社会资本”“特许经营＋股权合作”等模式，拓宽融资渠道，更好地适应数字旅游项目的特点和需求。

在项目合作中，应对政府与社会资本之间的权利、责任和利益分配进行清晰界定，以确保各方合作能够长久稳定。政府可以设立投资引导基金，通过资金配套、风险补偿、简化审批流程、制定政策优惠措施、建立健全的风险共担机制等方式，引导投资机构加大对数字旅游项目的投资力度。政府引导与市场机制的有效结合，共同为数字旅游产业的快速发展提供坚实的资金保障，推动其向更高质量、更可持续的方向发展。

7.2.3 坚持绿色发展理念，打造数字旅游产业生态友好模式

数字旅游产业的健康和可持续发展，必须建立在尊重自然、保护生态的基础之上，要坚定不移地将生态保护置于核心地位。

旅游产业的魅力根源，在于独有的自然风光、优质的生态环境，以及历经岁月洗礼而得以传承的历史文化遗产。若忽视了生态保护的首要性，盲目追求经济效益，过度开采与利用自然资源，势必会对脆弱的生态环境和珍贵的历史文化遗产造成不可逆的损害。另外，过度的旅游开发往往伴随着对环境的负面影响，而生态恢复过程有可能十分漫长且成本高昂，甚至在某些情况下，生态环境一旦受损便难以完全复原。这不仅违背了可持续发展的原则，也将对当地旅游产业的长远发展构成严重威胁。

在数字旅游产业快速发展的过程中，部分地区缺乏科学合理的规划与管理，大规模开展道路拓宽、酒店兴建、游乐设施增设及基础设施建设，导致湖泊干涸、植被破坏，并引发了生态资源枯竭、生物多样性被破坏等生态环境问题。生态环境的破坏严重影响了旅游景观的原始风貌，降低了旅游景区独特的观赏价值和对游客的吸引力。同时，随着旅游景区游客数量的激增，景区面临的环境压力也随之加大，垃圾、废水、废气等污染物排放量显著增加，而游客的潜在不良行为，例如乱扔垃圾、随地吐痰等，更是加剧了环境污染问题，并对当地的人文环境造成了负面影响。

因此，我国旅游产业的数字化发展，要将数字技术与绿色发展相结合，在提升旅游体验的同时，通过旅游资源的智慧化管理，最大限度地减少对环境的影响。同时，可以通过加强生态旅游理念的宣传与教育，引导游客形成绿色、低碳的旅游消费观，打造数字旅游产业生态友好型新模式。

要推动数字旅游产业与生态环境的深度融合与和谐共生。在旅游景区内布局和建设 5G、物联网、大数据中心等前沿基础设施时，应坚持规划先行、多方论证、精准布局。利用大数据、云计算、人工智能等技术，通过构建集旅游产品查询、预订、支付、评价等功能于一体的数字旅游平台，为游客提供便捷、高效、个性、环保的旅游服务。可以运用先进算法为游客量身定制旅游路线，科学调控旅游景区每日的游客流

量，运用绿色环保技术优化升级旅游产品，确保旅游活动对自然环境的影响极低。可以在基于生态环境承载力和恢复能力科学评估的基础上，积极探索并开发康养旅游、乡村旅游、森林旅游、绿色旅游等多种新型旅游业态，形成数字技术与自然生态深度融合发展的新路径。此外，鼓励数字旅游产业链上下游企业共同践行绿色发展理念，采用环保型交通工具，推广绿色住宿与餐饮服务，全面减少对环境的不良影响，共同塑造数字旅游产业的绿色生产力。

在数字时代，游客的个人行为对景区环境的影响越发显著，要通过数字技术的融合应用，倡导并实践人与自然和谐共生的环保旅游理念。在规划旅游行程时，应倡导游客积极采用绿色出行方式，利用数字地图、导航应用等工具规划步行、骑行或乘坐公共交通的最佳路线，减少碳排放。游客可以通过虚拟现实、增强现实技术，“足不出户”获得沉浸式的旅游体验，同时也降低了实地游览破坏自然景观的可能性。

旅游服务机构可以将数字化平台作为重要阵地，通过社交媒体、在线旅游平台、景区官方网站等渠道，发布环保知识、绿色旅游小贴士，鼓励游客分享自己的环保行为。同时，利用大数据分析游客行为，精准推送个性化的环保建议，增强游客的环保责任感和参与感。

旅游服务机构可以借助物联网、大数据、智能监控等技术，实时监测景区人流密度、资源消耗情况，及时调整旅游服务资源供给，减少资源浪费。同时，对垃圾分类进行智能管理，引导游客通过智能垃圾桶等设备准确投放垃圾，提升垃圾回收效率与资源循环利用率。

参考文献

[1] 中华人民共和国文化和旅游部 .“十四五”文化和旅游发展规划 [EB/OL]. 2021.

[2] 中华人民共和国国务院 . 国务院关于印发“十四五”数字经济发展规划的通知 [EB/OL]. 2021.

[3] 中华人民共和国国务院 . 国务院关于印发“十四五”旅游业发展规划的通知 [EB/OL]. 2021.

[4] 中华人民共和国国家发展和改革委员会 .“十四五”旅游业发展规划 [EB/OL]. 2022.

[5] 张启尧，程鲁尧 . 数字经济三条投资主线：数字产业化、产业数字化、数字新基建 [EB/OL]. 2023.

[6] 人民智库 . 旅游领域的科技发展趋势分析 [EB/OL]. 2021.

[7] 梁姗 . 我国新兴文化产业发展现状及对策研究 [D]. 武汉工程大学，2018.

[8] 慎丽华 . 中国旅游经济的发展现状 [J]. 海岸工程，2002(2)：13-20.

[9] 刘春济 . 我国旅游产业结构优化研究 [D]. 华东师范大学，2014.

[10] 张瑞英，席建超，葛全胜 . 1996—2013 年中国入境旅游市场时空演变研究：结构效应与空间效应 [J]. 地域研究与开发，2014，33(6)：80-85.

[11] 中华人民共和国文化和旅游部新闻中心 . 数说文旅这十年：我国 A 级旅游景区数量显著增长 [EB/OL]. 2022.

[12] 张丽丽 . 电子信息制造业发展现状及未来发展思路研究 [J]. 科技广场，2021(6)：22-32.

[13] 刘纪原 . 电子信息产品制造业的发展现状与对策 [J]. 高科技与产业化，2003(1)：10-11.

[14] 中华人民共和国工业和信息化部 . 2023 年 1—2 月份通信业经济运行情况 [EB/OL]. 2023.

[15] 物联网智库 . 边缘计算市场规模或突破 500 亿，如何在大行业与小场景中掘金？ [EB/OL]. 2023.

[16] 范昕 . 不断“上新”的云展览、云服务，给博物馆、美术馆带来新的可能 [EB/OL]. 2022.

[17] 张宏武．基于云计算的中小型图书馆变革设想[J]. 渭南师范学院学报，2012，27(6)：96-99.
[18] 王婧．大数据助推文化创意产业发展[J]. 文化产业，2020(18)：122-124.
[19] 任鹏飞．大数据背景下我国文化产业的发展研究[D]. 湖南大学，2017.
[20] 张悦，王俊秋．人工智能时代下文化产业的发展与展望[J]. 云南社会科学，2021(5)：36-41.
[21] 胡萱尹．人工智能在文化产业领域的发展研究[J]. 传播与版权，2019(2)：57-58.
[22] 李景平，张珊．人工智能助推文化产业生产经营变革[J]. 齐鲁艺苑，2019(6)：114-120.
[23] 宋江浩．大数据技术在三亚海鲜旅游消费市场监管中的应用研究[D]. 海南热带海洋学院，2021.
[24] 王翔宇．基于大数据的F公司智慧旅游平台运营系统设计[D].海南大学，2020.
[25] 李嘉琦．人工智能技术在青岛旅游的应用[J]. 电子技术与软件工程，2018(9)：247.
[26] 陆建华．人工智能在文化产业中的应用[C]. 数字时代山西高质量发展论坛论文集，2020：139-142.
[27] 冯继强，徐勇敏．5G+智慧文旅：图书馆文旅融合发展的新模式[J]. 图书与情报，2020(4)：79-83.
[28] 谭宜敏．5G时代公共图书馆阅读推广策略研究探寻[J]. 文化创新比较研究，2022，6(36)：105-109.
[29] 胡帅．音乐文化产业如何迎接5G时代？[J]. 文化月刊，2020(4)：90-91.
[30] 段正梁，刘桂兰．5G+智慧文旅在博物馆中的应用研究[J]. 湖南包装，2021，36(4)：69-72.
[31] 莫妮．5G+时代海南文化遗产体验式旅游产品创新开发策略[J]. 旅游与摄影，2022(21)：70-72.
[32] 张骥．5G智慧文旅在宽窄巷子景区的应用探索[J]. 通信与信息技术，2020(5)：50-54.
[33] 赵佳．基于Mobile GIS的城市导游系统的实现研究[D]. 西安建筑科技大学，2008.
[34] 张晓旭．基于位置服务的景区智能管理系统设计与实现[D]. 河北科技大学，2015.
[35] 余明朗．面向景区智能导游的室内外一体化定位及位置服务方法研究[D]. 南京师范大学，2013.

[36] 郑丕珍 . LBS 在旅游服务平台中的应用研究和示范 [D]. 江西师范大学，2018.

[37] 周承伟 . 无线传感网定位技术在游客监测中的研究与应用 [D]. 辽宁大学，2019.

[38] 刘增祥，王奇珍 . 基于区块链技术的文旅数字资产版权存证平台构建及应用初探 [J]. 通信与信息技术，2023(3)：62-64.

[39] 魏大威，李志尧，刘晶晶，等 . 基于区块链技术的智慧图书馆数字资源管理研究 [J]. 中国图书馆学报，2022，48(2)：4-12.

[40] 王艺洁 . 区块链促进文化产业融资模式优化研究 [EB/OL]. 2021.

[41] 高灿 . 基于区块链的农产品溯源应用研究 [D]. 河北科技师范学院，2022.

[42] 李鹤，董晨阳 . 基于“区块链 + 物联网”的食品冷链供应链追溯体系研究 [J]. 现代食品，2022，28(14)：118-121.

[43] 戴明锋，韩家平 . 基于区块链技术的共享住宿信用体系建设研究 [J]. 征信，2021，39(2)：1-6+22.

[44] 周昊东，罗斌，孙钦昊 . 基于区块链技术的外国人临时住宿登记系统探索 [J]. 科技创新与应用，2021(10)：89-92.

[45] 俞光耀 . 长三角城市轨道交通互联网出行与区块链应用探索 [J]. 隧道与轨道交通，2019(2)：1-6+59.

[46] 钟芸 . 区块链赋能城市智能交通的应用探索 [J]. 交通与港航，2020，7(3)：56-59.

[47] 陈希琳 . 数字藏品行业将走向规范化发展 [J]. 经济，2022(9)：75-77.

[48] 刘燃，徐聪，申国林，等 . 基于区块链技术的多式联运电子客票研究 [J]. 电视技术，2021，45(10)：112-115.

[49] 黄漪岚，柯周玲 . 基于区块链技术与税源管控结合的探究 [J]. 科学咨询（科技 · 管理），2020(9)：151-152.

[50] 林雪峰，曹家玉 . 浅谈区块链技术在轨道交通自动售检票系统的应用 [J]. 电子制作，2020(20)：74-75.

[51] 周瓅，覃天睿 . 基于数字孪生的文化产业管理网络多媒体实验室建设 [J]. 电声技术，2022，46(7)：73-76.

[52] 居德华 . 论数字孪生方法在城市更新中的应用 [J]. 城市管理与科技，2022，23(3)：23-25+35.

[53] 杨景然 . 数字孪生驱动下桂林智慧文旅服务场景研究 [D]. 桂林电子科技大学，2022.

[54] 祁迪，吴范 . 数字孪生 CIM 平台在黄帝故里景区应用研究 [J]. 铁道建筑技术，2022（10）：202-206.

[55] 柏雪 . 5G 环境下增强现实技术在图书馆中的应用研究 [J]. 新世纪图书馆，2021(10)：50-55.

[56] 李睿文 . 虚拟现实语境下的江苏小剧场研究 [J]. 旅游纵览，2021(16)：113-115.

[57] 彭梦瑶 . 陕西《朝元图》增强现实数字化复原 [D]. 西北大学，2022.

[58] 阮玲娜 . 文旅融合背景下的博物馆展览创新分析 [J]. 中国民族博览，2021(13)：208-210.

[59] 朱叶 . 基于增强现实的博物馆动态展示应用——以桂林博物馆为例 [J]. 中国民族博览，2022(11)：197-200.

[60] 卿小英，张楠 . 虚拟现实技术在隋唐洛阳城文化体验中的应用研究 [J]. 创意设计源，2019(6)：27-31.

[61] 薛问鼎 . 基于增强现实技术的景区文旅数字化交互体验设计研究 [D]. 湖北大学，2022.

[62] 苏丽萍，李昭勋 . 增强现实技术在承德历史街区文化数字化呈现的应用研究 [J]. 现代信息科技，2022，6(9)：110-113.

[63] 中华儿童文化艺术促进会青少年人才工作委员会 . 借助三维扫描、虚拟现实等技术实现圆明园数字化复原帧帧光影，重现“万园之园”)[EB/OL]. 2022.

[64] 盛逸飞 . 电子竞技：从游戏亚文化景观到数字文化产业 [D]. 重庆大学，2021.

[65] 杨湛菲 . 文化产业视角下的国家形象传播——以动漫产业为例 [J]. 今传媒，2017，25（6）：58-59.

[66] 李思璠 . 文旅融合背景下千山风景区数字动画创意与应用研究 [D]. 辽宁科技大学，2022.

[67] 魏楷林 . 数字媒体艺术在文旅产业领域的运用途径 [J]. 艺术家，2022(11)：137-139.

[68] 吴赛男 . 数字内容产业发展集聚的影响因素研究 [D]. 浙江大学，2021.

[69] 宋德铮 . 数字内容如何助力消费新发展——以电竞在城市文化品牌建设中的作用为例 [EB/OL]. 2023.

[70] 耿明浩 . 动漫形象 IP 在文旅产业中的设计与应用 [D]. 河北师范大学，2020.

[71] 王仰宇 . 基于 VR 虚拟现实技术的旅游文创产业互动性研究 [J]. 旅游与摄影，2022（13）：14-16.

[72] 王丽娜，杨彬如．数字经济背景下文旅产业数字化转型研究综述 [J]. 对外经贸，2024（7）：31-34+51.

[73] 马三喜．元宇宙赋能数字旅游场景的理论逻辑与实践路径 [J]. 社会科学家，2024(4)：53-58.

[74] 熊攀．数字化水平对区域创新能力的影响研究 [D]. 东南大学，2022.

[75] 胡婕．数字化时代我国学术图书出版的知识生产路径探究 [D]. 青岛科技大学，2020.

[76] 阳玉平．新质生产力视域下出版业数字化研究——以社科学术期刊为例 [J]. 社会科学家，2024(4)：125-130.

[77] 戴正聪．媒体融合时代传统报纸的发展模式创新分析 [J]. 新闻研究导刊，2023，14（10）：101-103.

[78] 范晓玲．浅析贵阳市住宿业发展趋势及发展建议 [J]. 贵州商学院学报，2016，29(3)：35-39.

[79] 李慧晴，林婷婷，陈利昌．我国餐饮业发展影响因素的计量分析 [J]. 中国商论，2024（11）：122-125.

[80] 杨荣军．成都市成华区餐饮业发展问题与对策研究 [J]. 产业与科技论坛，2024，23（1）：28-30.

[81] 刘佳昊，来有为．以工业化、数字化带动我国餐饮业高质量发展 [J]. 中国发展观察，2022(10)：103-105.

[82] 贺静．后疫情时代关于我国住宿业发展的思考 [J]. 山西财政税务专科学校学报，2021，23(3)：38-41.

[83] 徐熠明，袁茵，李卫涛．数字技术在餐饮业供应链中的应用研究 [J]. 物流科技，2024，47(12)：118-120+126.

[84] 俞越．数字经济助推餐饮业高质量发展的机制及现状研究——以青岛市为例 [J]. 现代商业，2023(23)：15-18.

[85] 邵明华，高洋．数字技术何以赋能中国式现代化文化形态：基于文化产业视角 [J]. 深圳大学学报（人文社会科学版），2024，41(4)：56-64.

[86] 赵振楠．数字赋能下文化旅游新业态激活研究 [J]. 中国集体经济，2024(18)：109-112.

[87] 张公一，杨晓婧．高质量发展视域下数字技术驱动低空经济发展的机制与路径 [J]. 延边大学学报(社会科学版)，2024，57(4)：82-92+143.

[88] 宋洋洋，刘一琳，陈璐，等. 国家文化数字化战略背景下数字文化产业的生态系统、技术路线与价值链条思考 [J]. 西安交通大学学报（社会科学版），2024，44（5）：145-156.
[89] 唐思浩，聂欣晗. 湖南文化产业新业态的生成机制与发展模式 [J]. 湖南开放大学学报，2024（2）：72-79.
[90] 程国艳. 新形势与新业态下教育图书编辑的成长路径探索 [J]. 新闻传播，2024（12）：55-57.
[91] 焦云霞. 数字技术与制造业产业链现代化发展 [J]. 价格理论与实践，2024（7）：29-35.
[92] 苏莉，姜令颂. 我国体育旅游产业发展前景及对策研究 [J]. 当代体育科技，2017，7（13）：228-229.
[93] 邵立伟，张艳珍，焦瑞. 新质生产力对我国旅游业的影响研究 [J]. 四川旅游学院学报，2024（4）：17-21.
[94] 郭晓雨，张慧妍，李新月. 黑龙江省冰雪旅游产业结构升级路径研究 [J]. 对外经贸，2024（6）：100-103.
[95] 李晓芸. 旅游新趋势下酒店管理创新策略探究 [J]. 公关世界，2024（16）：12-14.
[96] 赵建春. 产业结构优化升级与旅游效率——基于 2003—2022 年省际面板数据 [J]. 地域研究与开发，2024，43（1）：67-73.
[97] 魏志敏. 新质生产力驱动商贸流通业高质量发展的理论逻辑与路径选择 [J]. 商业经济研究，2024（15）：33-35.
[98] 高文新. 数字经济时代文化消费的特征、发展趋势及对策 [J]. 时代经贸，2024，21（7）：23-26.
[99] 陕小玲. 数字化赋能边疆地区乡村文化振兴 [J]. 智慧农业导刊，2024，4（15）：10-14.
[100] 周振. 数字技术赋能农业新质生产力：作用机理、问题障碍与应对策略 [J]. 中国农业大学学报（社会科学版），2024，41（4）：55-70.
[101] 赵鹏. 产业数字化驱动民俗文化创造力传承发展的内在机理与实现路径 [J]. 山东师范大学学报（社会科学版），2024，69（4）：119-130.
[102] 薛苑君. 乡村振兴视域下数字文化发展困境及实践路径 [J]. 南方农机，2024，55（15）：118-121.
[103] 陈晓枫，陈瑞旭，裴文霞. 数字技术赋能乡村文化产业高质量发展的内涵、作用机理与路径选择 [J]. 中共福建省委党校（福建行政学院）学报，2024（3）：143-150.

[104] 严伟，严思平，田诗．耦合协调度视角下数字经济赋能旅游业高质量发展对策研究 [J]. 商业经济，2024(8)：14-18.

[105] 宋瑞，杨晓琰．数字经济促进现代旅游业体系建设：内在逻辑与对策建议 [J]. 价格理论与实践，2024(5)：26-31.

[106] 张艺萍，王瀚．数字经济驱动体育旅游产业升级的动力机制与实现路径研究 [J]. 体育科技文献通报，2024，32(6)：103-108+145.

[107] 王琼，杨德才．新质生产力赋能文化和旅游产业高质量发展的逻辑机理、现实挑战与实践路径 [J]. 南京社会科学，2024(7)：152-160.

[108] 谢萍萍．智慧旅游背景下乡村旅游数字化营销发展研究 [J]. 长春大学学报，2024，34(7)：14.

[109] 朱斌，李延超．数字经济驱动民俗体育旅游产业高质量发展的机制、表现、困境与对策研究 [J]. 武术研究，2024，9(7)：115-118.

[110] 王光明，蒋锶琦，万立军．数字经济赋能黑龙江文旅产业融合发展探析 [J]. 边疆经济与文化，2024(8)：27-30.